全国“八五”普法学习读本系列

法律明白人应知应会民法典合同实用手册

全国“八五”普法学习读本编写组 编

法律出版社
LAW PRESS · CHINA
北京

图书在版编目(CIP)数据

法律明白人应知应会民法典合同实用手册 / 全国“八五”普法学习读本编写组编. -- 北京 : 法律出版社, 2022(2024.5 重印)
ISBN 978-7-5197-6541-5

Ⅰ. ①法… Ⅱ. ①全… Ⅲ. ①合同法-基本知识-中国 Ⅳ. ①D923.64

中国版本图书馆 CIP 数据核字(2022)第 058409 号

法律明白人应知应会民法典合同实用手册
FALÜ MINGBAIREN YINGZHI YINGHUI MINFADIAN HETONG SHIYONG SHOUCE

全国“八五”普法学习读本编写组 编

策划编辑 沈小英
责任编辑 陈 妮 任 娜
装帧设计 汪奇峰

出版发行 法律出版社
编辑统筹 法治与经济出版分社
责任校对 王 丰 郭艳萍
责任印制 吕亚莉
经　　销 新华书店

开本 A5
印张 7.625　**字数** 159 千
版本 2022 年 6 月第 1 版
印次 2024 年 5 月第 3 次印刷
印刷 天津嘉恒印务有限公司

地址:北京市丰台区莲花池西里 7 号(100073)
网址:www.lawpress.com.cn
投稿邮箱:info@lawpress.com.cn
举报盗版邮箱:jbwq@lawpress.com.cn
销售电话:010-83938349
客服电话:010-83938350
咨询电话:010-63939796

书号:ISBN 978-7-5197-6541-5　**定价**:56.00 元
凡购买本社图书,如有印装错误,我社负责退换。电话:010-83938349

撰稿人

朱晓峰

编写说明

2020年11月16日至17日召开的中央全面依法治国工作会议,明确了习近平法治思想在全面依法治国工作中的指导地位,这是我国社会主义法治建设中具有现实意义和深远意义的大事。习近平法治思想是马克思主义法治理论中国化的最新成果,是习近平新时代中国特色社会主义思想的重要组成部分,是全面依法治国的根本遵循和行动指南。

在习近平新时代中国特色社会主义思想指引下,为深入学习贯彻习近平法治思想,我们编写了《法律明白人应知应会民法典合同实用手册》,以落实《中央宣传部、司法部关于开展法治宣传教育的第八个五年规划(2021—2025年)》,切实抓好普法学习宣传,维护好村民合法权益,解决其日常生产生活中的法律问题,增强其法治观念,提升其法治素养。"法律明白人"培养工作被纳入法治社会建设和乡村振兴总体规划,作为加快推进乡村人才振兴工作的重要内容,也是加强基层普法工作队伍建设、健全精准有效普法工作体系的重要举措。"法律明白人"应在宣传习近平法治思想、法律、法规、党的政策,引导法律服务,化解矛盾纠纷,提高法律意识,参与社会治理中发挥示范引领作用,以推动农村形成办事依法、遇事找法、解决问题用法、化解矛盾靠法的法治环境。

本书的编写特色与特点:

第一,根据《中华人民共和国民法典》"合同编"法律体系的结构和侧重,编写全书的内容。60个聚焦村民日常生产生活的合同法律问题,涵盖了《中华人民共和国民法典》《中华人民共和国电子商务法》《中华人民共和国城乡规划法》《中华人民共和国电力法》以及最高人民法院《关于适用〈中华人民共和国民法典〉合同编通则若干问题的解释》《关于适用〈中华人民共和国民法典〉有关担保制度的解释》《关于审理民间借贷案件适用法律若干问题的规定》《关于审理涉彩礼纠纷案件适用法律若干问题的规定》等法律、法规、规章、司法解释的主要规范,并且有选择地吸收了司法经验和地方法治的实践情况,使本书成为集法律法规与案例分析于一体的专业工具书。

第二,根据合同争议的实际情况,重点突出对以下内容的解说,努力让读者获得"有问必答"的体验:一是合同的订立、履行、变更和转让;二是合同的解除及违约责任;三是买卖合同、赠与合同、借款合同、建设工程合同等典型合同。

第三,每个问题除设立"案例""法律分析""知识链接"等常规栏目外,特设"纠纷解决技巧"栏目,结合《中华人民共和国民法典》合同争议解决的实际情况,引导读者理性地看待纠纷、科学地解决纠纷。每页配有笔记区,供读者学习时做笔记使用。每个问题均配有试题,方便读者检验学习成果,增强阅读印象。同时,本书附一套测试题,用于“法律明白人”自测、任前培训、上岗考核使用。

第四,深入浅出地讲解法律问题,把法律术语转化为生活语言、群众语言,力求简洁、平易;文风精炼,详略得当,重点突出,让读者轻松读、看得懂。

普法宣传是一个长期、持续的过程,任重道远。2020 年 12 月,中共中央印发了《法治社会建设实施纲要(2020—2025 年)》,明确提出到 2025 年,“八五”普法规划实施完成,法治观念深入人心,社会领域制度规范更加健全,社会主义核心价值观要求融入法治建设和社会治理成效显著,公民、法人和其他组织合法权益得到切实保障。希望本书能为中国特色社会主义法治体系建设、乡村振兴战略实施、“法律明白人”培养、村民的权益维护发挥作用,作出应有的贡献。

全国“八五”普法学习读本编写组

2022 年 4 月

目录

Contents

笔记区

1. 没有采用书面形式的合同能成立吗?

案例

张三和李四是同村村民,张三经营一家蔬菜店,李四跑长途货物运输。张三和李四口头商定:由李四将新鲜蔬菜3500公斤运到某车站。商定的当天,张三将蔬菜交给李四运输,并交了7741元给李四的经办人王五。王五收到该款后出示收款收据。当李四运输的该批蔬菜到达终点站时,当地车站检查发现集装箱调温机不工作。交货时,该批蔬菜全部腐烂。张三向法院提起诉讼,要求李四赔偿损失421,582元并退回运费7741元。李四辩称:我与张三订立的运输合同因为没有采取书面形式而是口头形式,因此该合同并没有成立,要求法院驳回张三的起诉。

法律分析

合同的形式,是合同当事人意思表示一致的外在表现形式。依据《中华人民共和国民法典》的规定,当事人订立合同,可以采用书面形式、口头形式或其他形式。合同的口头形式,是指当事人只用口头语言为意思表示订立合同,而不用文字表达协议内容的合同形式。书面形式,是指当事人以合同书或者电报、电传、电子邮件等各种可以

笔记区

有形地表现所载内容的订立合同形式。只要法律或者当事人对合同的订立形式没有特别要求,那么合同只要经双方意思表示一致即可成立。在当事人都具有相应行为能力、意思表示真实且不违反法律规定、不违反公序良俗时生效,对合同双方当事人产生约束力,当事人应依据合同约定享有权利,履行义务。在本案中,张三和李四订立的蔬菜运输合同尽管采用了口头形式,但这并不违反法律对于合同订立形式的规定,并且该合同是二人在协商一致、意思表示真实的基础上订立的,内容也没有违反法律、法规的规定,因此该蔬菜运输合同成立且生效,二人应依据合同约定履行义务。由于张三依据约定已将所运的蔬菜及运费共计 7741 元交给李四的经办人王五,并且王五的经营活动应由李四承担民事责任,所以李四应对承运的蔬菜腐烂承担赔偿责任。

知识链接

《中华人民共和国民法典》第四百六十九条第一款 当事人订立合同,可以采用书面形式、口头形式或者其他形式。

纠纷解决技巧

合同订立时采用的口头形式简便易行,在日常生活中经常被采用。集市的现货交易、商店里的零售等一般都采

笔记区

用口头形式。合同采用口头形式,无须当事人特别指明。凡当事人无约定、法律未规定必须采用特定形式的合同,都可以采用口头形式。口头形式并不影响合同的成立,但在发生争议时当事人必须举证证明合同存在及合同的内容。

当然,合同采用口头形式并不意味着不能产生任何文字的凭证,但这类文字只是证明合同成立的材料,而不能作为合同成立的条件。口头形式的缺点是发生合同纠纷时难以取证、不易分清责任。所以,对于不能即时结清的合同和标的数额较大的合同,不宜采用口头形式。

试题

合同可以采用的形式不包括(　　)。①

A. 口头形式

B. 合同书形式

C. 信件形式

D. 默示形式

① 答案:D。

笔记区

2. 电子合同成立及生效的判断依据是什么？

案例

郑某是某村村民。2021 年 5 月 27 日 18 时 18 分，郑某通过 A 网络平台向甲公司以 4680 元的价格下单订购家用中央空调一套，并于 19 时 47 分将价款支付完毕。而郑某所购买的同规格型号的空调在同时间段内，B 网络平台的销售价格为 20,900 元。A 网络平台承诺：卖家在 72 小时内发货，发货后 2～3 天送交买家。20 时 15 分，甲公司法定代表人崔某与郑某电话联系，以商品标价错误为由要求郑某取消订单，郑某不同意。随后，甲公司将该空调在网络上的价格调整为 46,800 元并仅限在上海地区销售。2021 年 5 月 30 日，郑某要求甲公司按照原下单的价格交付空调，甲公司拒绝履行。郑某向法院起诉，请求判决甲公司履行家用中央空调买卖合同，立即按合同约定及时交付。甲公司则认为，郑某所支付的低于市场正常售价的价格为系统和员工失误等原因造成，因此，其与郑某签订的合同应以商品标价错误为由而撤销，甲公司不应承受该失误导致的不利后果。

法律分析

笔记区

电子合同也叫电子商务合同,是指通过一切电子化方式缔结或履行的合同,《中华人民共和国民法典》明确规定,当事人可以通过电子数据交换等方式订立合同。依据《中华人民共和国电子商务法》及《中华人民共和国民法典》的规定,电子合同的成立及生效应满足合同成立及生效的一般条件,即电子商务经营者发布的商品或者服务信息,是以缔结合同为目的,向对方当事人提出合同条件,希望对方当事人接受,对方当事人选择该商品或者服务并提交订单成功,合同成立;当合同双方当事人具有缔结合同的行为能力、意思表示真实且合同不违反法律、行政法规强制性规定,不违背公序良俗时,电子合同生效,对合同双方当事人产生约束力,双方应依据合同约定履行义务。在本案中,郑某通过 A 网络平台的公开信息,按照交易平台设定的程序,向甲公司购买家用中央空调并成功支付了 4680 元价款,郑某与甲公司之间的买卖关系成立并生效,甲公司应按约向郑某交付上述空调。

知识链接

《中华人民共和国民法典》

第四百六十九条第二款 书面形式是合同书、信件、电报、电传、传真等可以有形地表现所载内容的形式。

笔记区

第四百六十九条第三款 以电子数据交换、电子邮件等方式能够有形地表现所载内容,并可以随时调取查用的数据电文,视为书面形式。

《中华人民共和国电子商务法》

第四十八条 电子商务当事人使用自动信息系统订立或者履行合同的行为对使用该系统的当事人具有法律效力。

在电子商务中推定当事人具有相应的民事行为能力。但是,有相反证据足以推翻的除外。

第四十九条第一款 电子商务经营者发布的商品或者服务信息符合要约条件的,用户选择该商品或者服务并提交订单成功,合同成立。当事人另有约定的,从其约定。

纠纷解决技巧

电子交易具有迅速、竞价、非面对面、群体不特定、信息不对称等特点,并且网络销售中也不缺乏超低价、1 元"秒杀"等促销手段,这也是网购有别于传统交易模式、更吸引消费者的原因之一。因此,即使出现商家标价错误等现象,也不能仅以价格差距来判断合同成立的合法性。若不知情的消费者通过网络交易平台向出卖人购买超低价的商品而不存在恶意购买,那么法律应保护电子交易的效率和安全。即使出卖人标价错误,也应由其自行承担责任。

笔记区

试题

电子合同成立的时间是(　　)。①

A. 电子商务经营者发布商品信息符合要约条件时

B. 电子商务经营者发布服务信息符合要约条件时

C. 用户可以看到电子商务经营者发布的要约信息时

D. 用户选择电子商务经营者发布的商品并提交订单成功时

① 答案:D。

笔记区

3. 合同原件被具有优势地位的一方收走之后，怎么证明合同关系存在？

案例

某村养殖户刘某与甲公司在2021年2月签订了肉鸭养殖回收合同，合同中载明的结算方式为：车间屠宰完毕后，刘某凭本人身份证复印件，当批合同、饲养日志、饲料单据、检疫证明、车间胴体过磅单到公司原料部按胴体出成率倒推毛重结算，无特殊原因交鸭数量不足98%的，甲公司将按比例扣除刘某保证金并追究其违约责任。合同签订后，甲公司按照合同约定向刘某供应肉鸭鸭苗，并于2022年3月9日回收刘某饲养的肉鸭。刘某持当批合同、饲养日志、饲料单据、检疫证明、车间胴体过磅单与甲公司结算，甲公司将刘某持有的上述材料收回后，向刘某出具了回收结算单3份，结算单上载明的合同单价均为7.51元/斤。刘某认为，甲公司向其出具的（回收）结算单上载明的肉鸭价格比按照合同约定的肉鸭回收结算价格少了0.3元/斤。刘某与甲公司协商未果后到法院起诉，主张甲公司应当继续支付在回收肉鸭时少支付的货款共计12,846元。甲公司以刘某没有合同原件，双方未曾签订合同为由抗辩。刘某找到了证人，其他6位养殖户提供了证明合同存在的材料。

笔记区

法律分析

合同书面形式，是指合同当事人双方用书面方式表达相互之间通过协商一致而达成的协议。签订书面合同的优点主要有：第一，书面合同能有形地体现合同所记载的内容；第二，明确并固定双方的权利义务，避免纠纷；第三，可以避免因采用其他形式而造成合同效力上的瑕疵。在本案中，虽然刘某并没有持有合同原件，但是，证人即其他养殖户可以证实刘某的合同原件被甲公司收回。另外，从一般社会观念来看，甲公司为肉鸭养殖户赊销鸭苗、饲料，不可能不与养殖户签订书面合同以确保肉鸭的回收，否则经营风险过大。除此之外，其他 6 位养殖户也分别提供了持有的合同复印件或合同照片以及证明合同存在的视听资料。综上，能推定甲公司与刘某等已签订养殖合同。现甲公司持有合同原件拒不提供，依据最高人民法院《关于民事诉讼证据的若干规定》第 95 条的规定，在甲公司拒不提供合同原件时，应推定刘某的主张成立。由于甲公司未按合同中约定的价格回收肉鸭，属于违约行为，应支付刘某剩余货款及其利息。

笔记区

知识链接

《中华人民共和国民法典》第一百三十五条　民事法律行为可以采用书面形式、口头形式或者其他形式；法律、行政法规规定或者当事人约定采用特定形式的，应当采用特定形式。

最高人民法院《关于民事诉讼证据的若干规定》第九十五条　一方当事人控制证据无正当理由拒不提交，对待证事实负有举证责任的当事人主张该证据的内容不利于控制人的，人民法院可以认定该主张成立。

最高人民法院《关于适用〈中华人民共和国民法典〉合同编通则若干问题的解释》第三条　当事人对合同是否成立存在争议，人民法院能够确定当事人姓名或者名称、标的和数量的，一般应当认定合同成立。但是，法律另有规定或者当事人另有约定的除外。

根据前款规定能够认定合同已经成立的，对合同欠缺的内容，人民法院应当依据民法典第五百一十条、第五百一十一条等规定予以确定。

当事人主张合同无效或者请求撤销、解除合同等，人民法院认为合同不成立的，应当依据《最高人民法院关于民事诉讼证据的若干规定》第五十三条的规定将合同是否成立作为焦点问题进行审理，并可以根据案件的具体情况重新指定举证期限。

纠纷解决技巧

笔记区

合同原件是证明合同当事人权利义务的关键证据。如果当事人一方合同原件缺失，应重视对法律规则的充分利用，通过提供与合同订立相关的证据材料，如录音、视频、证人证言等，来解决因合同原件缺失导致对自己合法利益保护不力的问题。这就要求，合同当事人在合同的订立和履行中，既要注重合同内容，也要注意保存合同原件，更要重视对与合同订立及履行相关的证人证言以及影音资料的运用与保存。

试题

签订书面合同的主要优点不包括（　　）。①

A. 书面合同能有形地体现合同所记载的内容

B. 书面合同能明确并固定双方的权利义务，有利于避免纠纷

C. 书面合同可以避免因采用其他形式的合同而造成合同效力上的瑕疵

D. 书面合同简便易行

① 答案：D。

笔记区

▶ 4. 约定彩礼的婚约属于合同吗?

案例

某村男青年杨某与邻村女青年柳某经人介绍相识。二人在家人安排下订婚,双方约定:男方在举办婚礼前给女方30万元彩礼,由女方购买电视、冰箱等生活用品并作为嫁妆带到男方。同年6月,男方依约向女方给付彩礼30万元。同年12月,杨某与柳某举办婚礼,女方带来总价值约10万元的嫁妆。由于柳某举办婚礼时尚未达到法定婚龄,因此二人未办理结婚登记。在共同生活期间,杨某与柳某因为生活习惯等存在较大差异而感情不和,于两年后解除同居关系。现杨某诉请柳某返还彩礼。

法律分析

婚约又称订婚,在我国民间习俗中,通常结婚前先有订婚仪式,主要包括订立婚书、交换礼物或立媒妁人等。在我国现行民法体系中,婚约属于和婚姻相关的涉及身份关系的协议,不属于《中华人民共和国民法典》中规定的合同。婚约具有如下特征:第一,婚约不是婚姻成立的必要手续和条件。是否订立婚约由当事人自主决定,法律不予干涉。但订立婚约必须完全出于男女双方自愿,其他任何

笔记区

人不得强迫干涉。第二,婚约没有法律效力。婚约订立后,任何一方都可以作出解除婚约的意思表示,无须征得对方同意,即产生婚约解除的效力。这是因为,婚姻是男女双方基于爱情的结合,而且是双方自主自愿。若一方要求解除婚约,说明在他们之间关于结婚的基础条件已经不存在,因而应当允许解除,否则是干涉婚姻自由。第三,因解除婚约而引起的财物纠纷特别是彩礼的返还,司法实践中的处理原则是,对于婚约期间无条件赠与的财物,受赠人一般无返还义务;对于以结婚为目的所作的赠与,价值较高的,应当酌情返还。当然,对于以订婚为名诈骗钱财的,应归还受害人。在本案中,杨某与柳某之间的彩礼给付以结婚为目的,由于双方尚未办理结婚登记手续但又长期生活的事实,因此对于彩礼的返还应依据最高人民法院《关于适用〈中华人民共和国民法典〉婚姻家庭编的解释(一)》第5条的规定,由法院酌情予以支持,在确定返还数额时,适当考虑双方共同生活的时间长度等因素。

知识链接

《中华人民共和国民法典》第四百六十四条 合同是民事主体之间设立、变更、终止民事法律关系的协议。

婚姻、收养、监护等有关身份关系的协议,适用有关该身份关系的法律规定;没有规定的,可以根据其性质参照适用本编规定。

最高人民法院《关于适用〈中华人民共和国民法典〉婚姻家庭编的解释（一）》第五条 当事人请求返还按照习俗给付的彩礼的，如果查明属于以下情形，人民法院应当予以支持：

（一）双方未办理结婚登记手续；

（二）双方办理结婚登记手续但确未共同生活；

（三）婚前给付并导致给付人生活困难。

适用前款第二项、第三项的规定，应当以双方离婚为条件。

最高人民法院《关于审理涉彩礼纠纷案件适用法律若干问题的规定》第三条 人民法院在审理涉彩礼纠纷案件中，可以根据一方给付财物的目的，综合考虑双方当地习俗、给付的时间和方式、财物价值、给付人及接收人等事实，认定彩礼范围。

下列情形给付的财物，不属于彩礼：

（一）一方在节日、生日等有特殊纪念意义时点给付的价值不大的礼物、礼金；

（二）一方为表达或者增进感情的日常消费性支出；

（三）其他价值不大的财物。

笔记区

纠纷解决技巧

现实生活中,以结婚为目的给付彩礼的婚约并不少见,此时宜将婚约彩礼定性为附解除条件的赠与,以婚约解除作为解除条件。因此,在婚约解除后,受赠人应将彩礼返还赠与人,如受赠人拒不返还而继续占有彩礼,将构成民法上不当得利。在具体返还时,除考虑最高人民法院《关于适用〈中华人民共和国民法典〉婚姻家庭编的解释(一)》第5条规定的因素外,还应当考虑共同生活时间的长短以及有无生育子女等情形。对此,最高人民法院《关于审理涉彩礼纠纷案件适用法律若干问题的规定》作了较为明确的规定。因为,对于同居双方已经举办婚礼且对外以夫妻名义共同生活时间较长,甚至已生育子女的,双方结婚时一方支付给另一方的彩礼往往已用于双方共同生活和子女抚养,此时判令接收彩礼一方返还彩礼将带来实质上的不公平。例如,在未办理婚姻登记时,若一方主张返还彩礼的,在考虑双方共同生活时间长短的前提下来确定彩礼的返还:对共同生活时间较长的,可以不支持返还彩礼请求。因为共同生活时间较长的,一是可以排除女方借婚姻索取财物的主观可能性;二是经过长时间的共同生活,女方接收的彩礼大多已转化为夫妻共同财产或已用于共同生活,无返还必要。对共同生活时间较短,但确有证据证明彩礼已用于共同生活或子女抚养的,女方也可拒绝返还。

笔记区

试题

返还彩礼不需要考虑的情形是(　　)。[1]

A. 双方未办理结婚登记手续

B. 双方办理结婚登记手续但确未共同生活

C. 给付彩礼的数额较小

D. 婚前给付并导致给付人生活困难

① 答案:C。

笔记区

▶ 5. 商业广告中的内容是否自动写入合同?

案例

某村村民周某因儿子结婚,需要重新装修县城的一套房屋。2021 年 2 月,周某看到某装修公司在报纸上刊登的广告,该广告在显著位置注明“130 平方米精装 15 万元(含水电改造)”,并“郑重承诺:预算等于决算”。周某遂与该装修公司签订了总造价为 15 万元的装修合同。2021 年 7 月 17 日,装修公司以微信方式告知周某需要另外支付水电改造费用 4.7 万元。周某认为,水电改造费用已经包含在之前已支付的 15 万元费用中,因此拒绝支付。装修公司因周某未按时支付水电改造费用而暂时中止装修。周某在与装修公司协商未果的情况下,以装修公司延期完工为由,诉请解除合同并退还装修款、支付违约金。装修公司以周某拒付水电改造费为由抗辩。

法律分析

依据《中华人民共和国民法典》的规定,要约邀请是希望他人向自己发出要约的表示,商业广告一般属于要约邀请,但如果商业广告中宣传的内容符合要约条件的,构成要约。要约是希望与他人订立合同的意思表示,该意思表

笔记区

示必须内容具体确定,且表明经受要约人承诺,要约人即受该意思表示约束。因此,商业广告在符合法律规定的条件时,也可以成为要约的内容写入合同之中,对合同双方当事人的权利义务关系产生影响。在本案中,装修公司在广告中已明确“郑重承诺:预算等于决算”,其广告介绍的在建项目造价均注明含水电改造。因此,除非其与周某明确约定水电改造费用不包含在合同约定的造价中;否则,广告中该承诺构成双方之间的合同约定。双方所签合同文本系装修公司提供,合同明确约定了工程造价为 15 万元,未特别约定对合同范围内工程项目需根据实际工程量另行计价。因此,应确认双方合同约定的造价 15 万元中已包含水电改造,装修公司无权要求周某另行支付费用,周某拒付此费用合理、合法。装修公司未按期完工构成违约,应当承担违约责任。

知识链接

《中华人民共和国民法典》

第四百七十二条 要约是希望与他人订立合同的意思表示,该意思表示应当符合下列条件:

(一)内容具体确定;

(二)表明经受要约人承诺,要约人即受该意思表示约束。

笔记区

第四百七十三条 要约邀请是希望他人向自己发出要约的表示。拍卖公告、招标公告、招股说明书、债券募集办法、基金招募说明书、商业广告和宣传、寄送的价目表等为要约邀请。

商业广告和宣传的内容符合要约条件的,构成要约。

纠纷解决技巧

要约人一旦发出要约,就不能随意违反要约,否则就要承担责任;但要约邀请只是当事人邀请别人向自己发出要约,要约邀请人即使撤回邀请,也不承担法律责任。当然,如果要约邀请(如商业广告和宣传)的内容具体明确以至于其符合要约条件的,这个要约邀请就是要约,只要相对人承诺,那么该要约人即受该要约约束。

试题

下列关于要约和要约邀请关系的表述错误的是(　　)。[①]

A. 要约与要约邀请的性质不同

B. 要约和要约邀请均对当事人产生拘束力

C. 当事人的主观愿望不同

D. 要约与要约邀请的内容不同

① 答案:B。

笔记区

▶ 6. 当事人在签订本约合同后，还能请法院确认预约合同效力吗？

案例

某房地产开发公司在程某所在村庄附近搞房地产开发。2019 年 5 月，程某与某房地产开发公司签订商品房预售合同，该合同第 5 条明确约定了商品房装修标准、有配套幼儿园等内容。2020 年 2 月，双方签订商品房买卖合同，但程某未发现该合同中删除了关于配套幼儿园的内容。2022 年 3 月，程某发现该楼盘并未配套幼儿园，遂诉请法院确认预售合同第 5 条的约定有效。

法律分析

预约合同是当事人约定将来订立一定合同的合同。依据《中华人民共和国民法典》的规定，当事人约定在将来一定期限内订立合同的认购书、订购书、预订书等，构成预约合同。预约合同也是合同，因此，在法律没有特别规定时，应当依据《中华人民共和国民法典》规定的合同成立与生效的一般规则来判断预约合同的成立与生效。虽然预约合同的目的在于将来订立本约合同，但预约合同和本约合同是两个分别独立的合同。在本约合同签订后，预约合

笔记区

同约定的权利义务已实现，目的已达成，所指向的权利义务已终结或转化成本约合同中的条款，意味着预约合同的效力基础已经消灭，预约合同的权利义务随即终止。在本案中，程某与某房地产开发公司签订的商品房预售合同系双方当事人真实意思表示，内容不违反法律、行政法规强制性规定，不存在无效情形，应认定有效。由于程某与某房地产开发公司在签订商品房预售合同后，已经按该预售合同约定签订了商品房买卖合同，对权利义务作出明确约定。此时，再对已完成使命的预约合同作出效力评价，赋予预约合同法律效力，无疑造成法律逻辑混乱，也不符合《中华人民共和国民法典》鼓励交易、促进市场效率精神，因此程某诉请确认预售合同第5条约定有效的请求不应被支持。

知识链接

《中华人民共和国民法典》第四百九十五条 当事人约定在将来一定期限内订立合同的认购书、订购书、预订书等，构成预约合同。

当事人一方不履行预约合同约定的订立合同义务的，对方可以请求其承担预约合同的违约责任。

最高人民法院《关于适用〈中华人民共和国民法典〉合同编通则若干问题的解释》第八条 预约合同生效后，当

笔记区

事人一方不履行订立本约合同的义务,对方请求其赔偿因此造成的损失的,人民法院依法予以支持。

前款规定的损失赔偿,当事人有约定的,按照约定;没有约定的,人民法院应当综合考虑预约合同在内容上的完备程度以及订立本约合同的条件的成就程度等因素酌定。

纠纷解决技巧

在商品房买卖合同纠纷中,区分当事人订立的协议是商品房买卖的预约合同还是本约合同,要结合当事人立约时的真实意思以及法律、司法解释对于商品房买卖合同形式要件的要求进行综合判定,关键在于区分合同是否存在法律或事实上的障碍,导致合同部分条款缺失或不确定的情形。如果存在这类情形,一般应认定为预约合同;如果不存在此种情形,无论合同名称为何,均应视为商品房买卖合同。另外,在签订本约合同后,预约合同不能与本约合同并存,当事人再请求确认预约合同效力已无意义,不应予以支持。因此,当事人特别是购房人在签订商品房买卖合同时,一定要注意该合同内容与之前的商品房预售合同之间是否存在不一致。依据《中华人民共和国民法典》第495条的规定,当事人一方不履行预约合同约定的订立合同义务的,对方可以请求其承担预约合同的违约责任。

6. 当事人在签订本约合同后，还能请法院确认预约合同效力吗？

试题

笔记区

下列关于预约合同和本约合同的表述正确的是（　　）。[1]

A. 预约合同违反不用承担法律责任

B. 预约合同和本约合同可以并存

C. 预约合同的目的是签订本约合同

D. 预约合同不可以强制履行

---

① 答案：C。

笔记区

7. 在先履行方未依约履行时，合同后履行方能拒绝履行吗？

案例

养殖户杨某与饲料公司签订买卖合同，约定饲料公司先向杨某提供饲料200吨，杨某收到全部饲料后付款。饲料公司在向杨某提供饲料20吨后，发现市场生猪价格大跌，担心杨某不能及时付款，遂要求杨某先付款，其再提供饲料。杨某拒绝并要求饲料公司继续履行合同。

法律分析

先履行抗辩权，是指合同双方当事人互负债务并有先后履行顺序的，后履行一方在对方履行之前或不适当履行时，拒绝对方向自己提出的履行要求的权利，其是后履行方的权利。依据《中华人民共和国民法典》的规定，后履行一方行使先履行抗辩权必须满足的条件包括：第一，双方当事人因同一合同互负债务，两项债务应处于互为对待给付的地位；第二，当事人的债务有先后履行顺序，履行顺序依法律规定、当事人约定或按交易习惯确定；第三，应当先履行的当事人不履行债务或者履行债务不符合约定；第四，后履行一方当事人的债务已届履行期。在本案中，杨

笔记区

某以饲料公司未履行在先提供饲料义务为由行使先履行抗辩权，符合《中华人民共和国民法典》第526条规定的先履行抗辩权行使条件，应予支持。

知识链接

《中华人民共和国民法典》第五百二十六条 当事人互负债务，有先后履行顺序，应当先履行债务一方未履行的，后履行一方有权拒绝其履行请求。先履行一方履行债务不符合约定的，后履行一方有权拒绝其相应的履行请求。

最高人民法院《关于适用〈中华人民共和国民法典〉合同编通则若干问题的解释》第三十一条 当事人互负债务，一方以对方没有履行非主要债务为由拒绝履行自己的主要债务的，人民法院不予支持。但是，对方不履行非主要债务致使不能实现合同目的或者当事人另有约定的除外。

当事人一方起诉请求对方履行债务，被告依据民法典第五百二十五条的规定主张双方同时履行的抗辩且抗辩成立，被告未提起反诉的，人民法院应当判决被告在原告履行债务的同时履行自己的债务，并在判项中明确原告申请强制执行的，人民法院应当在原告履行自己的债务后对被告采取执行行为；被告提起反诉的，人民法院应当判决双方同时履行自己的债务，并在判项中明确任何一方申请强制执行的，人民法院应当在该当事人履行自己的债务后

笔记区

对对方采取执行行为。

当事人一方起诉请求对方履行债务,被告依据民法典第五百二十六条的规定主张原告应先履行的抗辩且抗辩成立的,人民法院应当驳回原告的诉讼请求,但是不影响原告履行债务后另行提起诉讼。

纠纷解决技巧

先履行抗辩权可以暂时阻止对方当事人请求权的行使。若对方当事人依合同约定全面履行了合同义务,后履行一方当事人应履行自己的义务。享有先履行抗辩权的一方当事人在履行期限届满而未履行债务的,不构成违约。后履行一方当事人行使先履行抗辩权,其也可以主张先履行一方当事人的违约责任。

试题

约定合同履行顺序的后履行方在先履行方未依约履行时,正确的是(　　)。[①]

A. 可以要求先履行方依约履行

B. 不可以要求先履行方依约履行

C. 不能拒绝先履行方的履行请求

D. 以上都不对

① 答案:A。

笔记区

▶ 8. 合同成立后，一方当事人还能变更合同吗？

案例

某村种植蔬菜大棚的村民张某与某酸菜生产甲公司签订蔬菜买卖合同，约定张某每年种植的白菜以每斤0.3元的价格出售给甲公司。某酸菜生产厂家在生产酸菜过程中的违法情节被曝光后，导致酸菜市场整体受到影响。甲公司表示要解除与张某签订的买卖合同，张某不同意，要求甲公司继续履行合同。双方诉至法院。

法律分析

情势变更，是指合同有效成立后，因不可归责于双方当事人的原因发生变更，致合同的基础动摇或丧失，若继续维持合同原有效力显失公平，受不利影响的一方有权向法院或仲裁机构申请变更合同内容或者解除合同。情势变更规则在具体适用上应具备以下要点：第一，客观上，必须有情势变更的事实。“情势”，是指合同成立时所依赖的客观情况；“变更”，是指“合同赖以成立的环境或基础发生异常变动”；“客观事实”，是指一切可能导致合同基础动摇的客观情况，包括自然灾难、意外事故、战争爆发、国家经济政策及社会经济环境的巨变等。第二，主观上，情势变

笔记区

更是当事人在订立合同时所不可预见并不可避免的，双方当事人都不存在过错。第三，时间上，情势变更事由必须是发生在合同有效成立后至合同终止履行前。第四，结果上，因情势变更会导致合同的履行显失公平，即继续履行一方利益将明显受损，双方当事人的利益严重失衡；如果影响轻微，则不适用。第五，解决上，情势变更发生后，应先由双方当事人协商解决，如果协商不成，由当事人向法院或仲裁机构申请变更或解除合同。未经法院或仲裁机构裁定，一方或双方当事人不得自行变更或解除合同。在本案中，某公司酸菜生产黑幕被曝光，导致整个酸菜市场行情发生重大变化，符合情势变更规则适用的前提条件，受不利影响的一方有权向法院申请解除合同，但这并不意味着法院必须判决解除合同。法院有权根据合同履行期限、合同履行内容、情势变更影响程度及因果关系等因素确定变更或者解除合同。

知识链接

《中华人民共和国民法典》第五百三十三条　合同成立后，合同的基础条件发生了当事人在订立合同时无法预见的、不属于商业风险的重大变化，继续履行合同对于当事人一方明显不公平的，受不利影响的当事人可以与对方重新协商；在合理期限内协商不成的，当事人可以请求人

笔记区

民法院或者仲裁机构变更或者解除合同。

人民法院或者仲裁机构应当结合案件的实际情况，根据公平原则变更或者解除合同。

最高人民法院《关于适用〈中华人民共和国民法典〉合同编通则若干问题的解释》第三十二条第一款 合同成立后，因政策调整或者市场供求关系异常变动等原因导致价格发生当事人在订立合同时无法预见的、不属于商业风险的涨跌，继续履行合同对于当事人一方明显不公平的，人民法院应当认定合同的基础条件发生了民法典第五百三十三条第一款规定的“重大变化”。但是，合同涉及市场属性活跃、长期以来价格波动较大的大宗商品以及股票、期货等风险投资型金融产品的除外。

纠纷解决技巧

情势变更后，受不利影响的一方既不享有直接变更或解除合同的权利，也不能直接请求法院或仲裁机构变更或者解除合同，应当首先与对方当事人就合同的履行进行协商，只有在合理期限内协商不成的，当事人才可以请求法院或者仲裁机构变更或者解除合同。也就是说，因情势变更而受不利影响的一方在重新协商不成时，仅有权请求法院或仲裁机构变更或者解除合同。法院或仲裁机构享有公平裁决权，有权以下列方式处理合同关系：如果合同目

笔记区

的不能实现,或者合同的履行不可预期,或者合同的履行完全失去意义,通常应解除合同;如果合同目的可以实现,则可以判决变更合同。另外,合同变更或者解除的,如果一方有损失的或者双方都有损失的,则双方可以对损失进行分担。

试题

合同成立后,一方当事人可以(　　)。[1]

A. 随时解除合同并承担违约责任

B. 随时终止合同且不承担法律责任

C. 在与对方协商一致时变更合同

D. 撤销合同后承担法律责任

① 答案:C。

笔记区

9. 债务人恶意转移资产,债权人应该怎么办?

案例

张某向同村罗某借钱做生意,共积欠罗某80万元债务。在罗某向张某主张偿还债务期间,张某将自己名下的房屋以市场价120万元卖给同村李某,并将该卖房款继续投入经营,损失殆尽。罗某以张某与李某恶意串通转移资产为由,提起债权人撤销权诉讼,请求撤销张某与李某签订的买卖合同。

法律分析

依据《中华人民共和国民法典》的规定,因债务人放弃到期债权或者无偿转让财产,对债权人造成损害的,债权人可以请求法院撤销债务人的行为。债务人以明显不合理的低价转让财产,对债权人造成损害,并且债务人的相对人知道该情形的,债权人也可以请求人民法院撤销债务人的行为。在本案中,罗某起诉主张撤销权,应当具备的前提条件为:第一,张某与李某买卖房屋价格属明显不合理低价;第二,李某在受让前具有恶意,即知晓转让人张某对外存在债务且恶意转移资产的意图;第三,转让行为给债权人罗某造成损害,即债权人罗某的债权因此执行不

笔记区

能。在本案中,李某购房价格的确定及支付均符合市场行情和法律规定,买受价格也属合理,不存在不合理低价的情形。因此,罗某的诉讼请求不符合债权人撤销权行使的条件,不应支持。

知识链接

《中华人民共和国民法典》

第五百三十八条 债务人以放弃其债权、放弃债权担保、无偿转让财产等方式无偿处分财产权益,或者恶意延长其到期债权的履行期限,影响债权人的债权实现的,债权人可以请求人民法院撤销债务人的行为。

第五百三十九条 债务人以明显不合理的低价转让财产、以明显不合理的高价受让他人财产或者为他人的债务提供担保,影响债权人的债权实现,债务人的相对人知道或者应当知道该情形的,债权人可以请求人民法院撤销债务人的行为。

最高人民法院《关于适用〈中华人民共和国民法典〉合同编通则若干问题的解释》第四十三条 债务人以明显不合理的价格,实施互易财产、以物抵债、出租或者承租财产、知识产权许可使用等行为,影响债权人的债权实现,债务人的相对人知道或者应当知道该情形,债权人请求撤销债务人的行为的,人民法院应当依据民法典第五百三十九条的规定予以支持。

笔记区

纠纷解决技巧

债权人撤销权是法律赋予债权人撤销债务人不法减少自己责任财产的行为，从而保障其清偿能力的权利。这也意味着，债务人合法减少自己责任财产的行为不属于债权人撤销权行使的对象。在司法实践中，债务人不法减少自己责任财产的行为往往比较隐匿，难以发现，因此债权人应关注债务人整体财产的损益情形，以便及时发现其责任财产出现不利于债权人利益实现的情形。另外，债务人无偿转让资产的，此时债权人行使撤销权仅需证明该转让行为给债权人的债权实现造成损害即可，而不再需要受让人对此明知的前提条件。在司法实践中，此种情况一般多发生于家庭成员之间转移资产，只要有效查明无偿转让行为即可。

试题

债务人不法减少自己责任财产的情形不包括（　　）。[①]

A. 债务人以市场价格转让财产且不影响债权人债权实现

B. 债务人无偿转让财产并影响债权人债权实现

① 答案：A。

笔记区

C. 债务人以明显不合理的高价受让他人财产并影响债权人债权实现

D. 债务人放弃其债权并影响债权人债权实现

笔记区

10. 在什么情况下合同债权可以转让?

案例

2021年5月18日,某农家乐公司通知某果蔬公司,将其对该果蔬公司的到期债权133万元转让给李某。2021年6月8日,某农家乐公司与齐某双方签订债权转让协议,因某农家乐公司拖欠齐某货款133万元,同时某农家乐公司对某果蔬公司享有到期债权133万元,因此某农家乐公司遂将对某果蔬公司享有的到期债权133万元转让给齐某。2021年6月12日,某农家乐公司向某果蔬公司送达债权转让通知,声称债权已经转让给齐某,要求某果蔬公司向齐某清偿欠款。2021年6月17日,某农家乐公司又通知某果蔬公司,对某果蔬公司享有的到期债权133万元不转让给李某,转让给齐某。2021年6月20日,齐某与某果蔬公司协商未果,向法院起诉某农家乐公司及某果蔬公司,要求二被告支付欠款。

法律分析

债权转让,是指合同一方将合同的权利全部或部分地转让给合同以外的第三人。债权转让合同也要满足合同成立及生效的构成要件,要求转让方和受让方均具有完全

笔记区

民事行为能力,双方债权转让的意思表示真实且不违反法律强制性规定、不违背公序良俗。一般来看,原合同有效成立是债权转让合同有效成立的前提条件,如果原合同不成立或无效,那么债权转让合同也不成立。另外,债权转让合同的内容与原合同保持一致,债权转让合同的标的、金额、数量及合同履行,违约责任等均与原合同保持一致,否则即为合同变更而不是债权转让。现行法还规定了禁止债权转让的情形。依据《中华人民共和国民法典》第545条的规定,债权人可以将债权的全部或者部分转让给第三人,但有下列情形之一的除外:一是根据债权性质不得转让;二是按照当事人约定不得转让;三是依照法律规定不得转让。第一种情况是指具有人身性质的,诸如继承、身份权、人格权、肖像权及人身损害赔偿等;第二种情况是指当事人就债权转让特别约定不得转让或债务人如果知道债权人转让给第三人时不订立合同;第三种情况是指法律明文规定不得转让债权的情形或者受让主体的限制,如某些行业规定特定的企业才可经营,或企业章程规定了经营范围,债权转让须具备相关的经营资格与经营能力。在本案中,某农家乐公司将对某果蔬公司的合法债权转让给齐某,是双方当事人真实的意思表示,并不存在违反法律强制性规定和违背公序良俗的情形,应该有效。但某农家乐公司在向齐某转让对某果蔬公司的债权之前已

笔记区

经将该债权转让给李某,因此,其对齐某的转让行为并不发生债权转让效力。齐某可以依据合同约定向某农家乐公司主张法律责任。

知识链接

《中华人民共和国民法典》第五百四十六条 债权人转让债权,未通知债务人的,该转让对债务人不发生效力。

债权转让的通知不得撤销,但是经受让人同意的除外。

最高人民法院《关于适用〈中华人民共和国民法典〉合同编通则若干问题的解释》第四十八条 债务人在接到债权转让通知前已经向让与人履行,受让人请求债务人履行的,人民法院不予支持;债务人接到债权转让通知后仍然向让与人履行,受让人请求债务人履行的,人民法院应予支持。

让与人未通知债务人,受让人直接起诉债务人请求履行债务,人民法院经审理确认债权转让事实的,应当认定债权转让自起诉状副本送达时对债务人发生效力。债务人主张因未通知而给其增加的费用或者造成的损失从认定的债权数额中扣除的,人民法院依法予以支持。

纠纷解决技巧

在债权的多重让与场合中,判断究竟是谁取得了被让

笔记区

与的债权,与原债权人的通知无关。即无论债权经过多少次转让,第一个受让人确定取得债权,而不管是否履行了通知义务。通知债务人的,债务人向受让人履行债务构成有效清偿,但在受让人与第一受让人之间存在不当得利返还。对此问题,《中华人民共和国民法典》第546条第1款对债权转让通知的效力进行了明确,即债权转让通知的目的是保护债务人,而是否通知债务人不影响受让人对转让债权的取得。也就是说,债权让与场合,在让与人和受让人之间的关系中,受让人取得转让债权不以通知债务人为条件,债权转让合同效力不因未通知债务人而受影响。

试题

下列关于债权转让的表述错误的是(　　)。[1]

A. 所有债权都可以转让

B. 当事人可以约定债权不得转让

C. 债权转让应当符合债权性质

D. 债权转让应当符合法律规定

① 答案:A。

笔记区

11. 债权人将债权转让后,债务人可以原债权人未履行义务对抗新债权人的主张吗?

案例

甲与乙在2021年3月签订一份合同,双方约定甲于同年5月向乙交付10吨西瓜,乙同时向甲交付价值5万元的苹果。甲欠丙5万元借款,与丙达成合意,由丙接受乙交付的价值5万元的苹果。甲丙达成协议后,甲就此事通知了乙,乙表示到时会将苹果交给丙。同年5月,乙准备好应该交付给丙的苹果,但甲却未向乙提供西瓜。乙于是对丙表示,除非甲向其交付10吨西瓜,否则为避免风险他不会向丙交付价值5万元的苹果。丙此时才知道甲乙之间的关系,表示这与他无关,双方发生争议。丙找到甲要求要么马上向乙履行,要么返还欠款。甲不同意,主张合同已签订,不能反悔,只说尽快履行其对乙的债务。

法律分析

同时履行抗辩权,是指合同当事人互负债务,没有先后履行顺序的,应同时履行,一方在对方履行之前有权拒绝其履行请求。依据《中华人民共和国民法典》的规定,同时履行抗辩权的行使需要满足的条件包括:第一,双务合

笔记区

同的当事人依约履行义务的时间无先后之分且均已届清偿期，如果当事人的履行顺序有先后之分，则应按顺序来履行，不存在“同时”的问题。第二，双方所履行的义务具有牵连，一方的权利以另一方的义务为前提，双方的权利义务从一开始就互为条件、互为对价关系。如果双方的义务各自独立，则不享有此抗辩权。第三，对方未履行义务或者未按合同履行义务，如果对方已履行则另一方不能行使权利。第四，须对方当事人的对待履行是可能的，如果对方根本不可能履行义务，则一方行使抗辩权就没有意义。在债权让与中，原合同的债权人发生了变更。根据债权让与的具体要件，债权让与要通知债务人。在通知债务人后，原来的合同也发生了变更。依据《中华人民共和国民法典》第548条的规定，在债权让与后，债务人对原债权人的抗辩权变更为对抗新债权人。在本案中，甲将对乙的债权转让给丙，并通知债务人乙，债权转让对乙发生效力。作为债务人的乙享有对甲行使的同时履行抗辩权，因此在甲未对待履行的前提下，可以对抗丙提出的履行合同的请求权。

知识链接

《中华人民共和国民法典》

第五百二十五条 当事人互负债务，没有先后履行顺序的，应当同时履行。一方在对方履行之前有权拒绝其履

笔记区

行请求。一方在对方履行债务不符合约定时，有权拒绝其相应的履行请求。

第五百四十八条 债务人接到债权转让通知后，债务人对让与人的抗辩，可以向受让人主张。

最高人民法院《关于适用〈中华人民共和国民法典〉合同编通则若干问题的解释》第三十一条 当事人互负债务，一方以对方没有履行非主要债务为由拒绝履行自己的主要债务的，人民法院不予支持。但是，对方不履行非主要债务致使不能实现合同目的或者当事人另有约定的除外。

当事人一方起诉请求对方履行债务，被告依据民法典第五百二十五条的规定主张双方同时履行的抗辩且抗辩成立，被告未提起反诉的，人民法院应当判决被告在原告履行债务的同时履行自己的债务，并在判项中明确原告申请强制执行的，人民法院应当在原告履行自己的债务后对被告采取执行行为；被告提起反诉的，人民法院应当判决双方同时履行自己的债务，并在判项中明确任何一方申请强制执行的，人民法院应当在该当事人履行自己的债务后对对方采取执行行为。

当事人一方起诉请求对方履行债务，被告依据民法典第五百二十六条的规定主张原告应先履行的抗辩且抗辩成立的，人民法院应当驳回原告的诉讼请求，但是不影响原告履行债务后另行提起诉讼。

笔记区

纠纷解决技巧

在债权让与中，两个本来没有关系的人成为一个法律关系内部的债务人与债权受让人即新债权人。虽然债务人与新债权人之间不存在行使同时履行抗辩权所要求的互负对待且有对价的义务，但法律允许债务人可以用对抗原债权人的事由来对抗新债权人。新债权人与债务人之间形成一个新的独立的合同关系，债务人的抗辩权直接指向新债权人。其所行使的抗辩权因为可以对抗原债权人，所以可以对抗新债权人，保护债务人不因债权让与而受不利影响。

试题

债权人将债权转让后，关于债务人的权利，下列表述错误的是(　　)。[①]

A. 债务人可以用对抗原债权人的事由来对抗新债权人

B. 债务人行使的抗辩权因为可以对抗原债权人，所以可以对抗新债权人

C. 债务人可以拒绝履行

D. 债务人和新债权人之间形成新的权利义务关系

---

① 答案：C。

笔记区

▶ 12. 未审批的转让采矿权合同有效吗?

案例

王某与刘某签订了矿山转让协议,该协议约定王某将其经营的大理石厂作价3050万元转让给刘某。协议还对付款期限、违约责任等内容进行约定。合同签订后,刘某支付转让款等款项共计1335万元。刘某修建了矿路及部分厂房,但未对该大理石矿进行开采。后王某以刘某未足额付款为由提起诉讼,请求解除矿山转让协议,刘某返还矿山并给付违约金760万元。刘某提起反诉,请求王某继续履行协议并赔偿损失1088万元。

法律分析

采矿权转让协议在性质上属于合同,合同效力的判断规则也适用于采矿权转让协议效力的判断。对于合同效力的判断,根据《中华人民共和国民法典》第502条的规定,如果有法律、行政法规对采矿权转让协议的生效有特别规定的,应当依据该规定来确定协议效力。而依据《中华人民共和国矿产资源法》第6条及《探矿权采矿权转让管理办法》第10条的规定,采矿权转让协议生效与否取决于有权机关是否批准转让协议。若批准,则转让合同自批

笔记区

准之日起生效;若尚未批准,则转让合同尚未生效;若不予批准,则转让合同自始无效。在本案中,王某和刘某均认可本案转让合同的标的物为大理石矿及相应的采矿权,双方签订的矿山转让合同已成立,但是属于依照法律规定应到相关部门办理批准手续才能生效的合同,由于双方对采矿权所约定转让的合同并未获得审批机关审批,故该合同成立但未生效。

知识链接

《中华人民共和国民法典》

第五百零二条　依法成立的合同,自成立时生效,但是法律另有规定或者当事人另有约定的除外。

依照法律、行政法规的规定,合同应当办理批准等手续的,依照其规定。未办理批准等手续影响合同生效的,不影响合同中履行报批等义务条款以及相关条款的效力。应当办理申请批准等手续的当事人未履行义务的,对方可以请求其承担违反该义务的责任。

依照法律、行政法规的规定,合同的变更、转让、解除等情形应当办理批准等手续的,适用前款规定。

第五百五十五条　当事人一方经对方同意,可以将自己在合同中的权利和义务一并转让给第三人。

笔记区

最高人民法院《关于适用〈中华人民共和国民法典〉合同编通则若干问题的解释》第十二条第一款 合同依法成立后，负有报批义务的当事人不履行报批义务或者履行报批义务不符合合同的约定或者法律、行政法规的规定，对方请求其继续履行报批义务的，人民法院应予支持；对方主张解除合同并请求其承担违反报批义务的赔偿责任的，人民法院应予支持。

《中华人民共和国矿产资源法》第六条 除按下列规定可以转让外，探矿权、采矿权不得转让：

（一）探矿权人有权在划定的勘查作业区内进行规定的勘查作业，有权优先取得勘查作业区内矿产资源的采矿权。探矿权人在完成规定的最低勘查投入后，经依法批准，可以将探矿权转让他人。

（二）已取得采矿权的矿山企业，因企业合并、分立，与他人合资、合作经营，或者因企业资产出售以及有其他变更企业资产产权的情形而需要变更采矿权主体的，经依法批准可以将采矿权转让他人采矿。

前款规定的具体办法和实施步骤由国务院规定。

禁止将探矿权、采矿权倒卖牟利。

《探矿权采矿权转让管理办法》第十条 申请转让探矿权、采矿权的，审批管理机关应当自收到转让申请之日起 40 日内，作出准予转让或者不准转让的决定，并通知转

笔记区

让人和受让人。

准予转让的，转让人和受让人应当自收到批准转让通知之日起60日内，到原发证机关办理变更登记手续；受让人按照国家规定缴纳有关费用后，领取勘查许可证或者采矿许可证，成为探矿权人或者采矿权人。

批准转让的，转让合同自批准之日起生效。

不准转让的，审批管理机关应当说明理由。

纠纷解决技巧

矿产资源是人类生存和经济社会可持续发展的重要物质基础。因此，采矿权的转让审批，是国家规范采矿权有序流转，实现矿产资源科学保护、合理开发的重要制度。对此，在我国现行法中，采矿权转让协议未经审批的，转让合同尚未发生法律效力。对于按照法律、行政法规的规定须经批准或者登记才能生效的合同，双方当事人均应积极履行各自的义务，促使合同生效，以维护交易各方的合法权益，维护采矿权市场交易秩序，也符合合同法鼓励交易、创造财富的原则。

试题

笔记区

未审批的转让采矿权合同(　　)。①

A. 有效

B. 无效

C. 成立未生效

D. 没有成立

① 答案:C。

笔记区

13. 在什么情况下债务能被抵销?

案例

某村委会与高某自1998年以来就有债权债务往来，截至2020年年底，某村委会欠高某借款70,460元未偿还。高某讨要多年未果，于2021年6月9日向法院提起诉讼。法院最终判决某村委会偿还高某借款本金70,460元，并从2022年1月1日起至借款还清之日止按月利率1.5%支付利息。判决生效后，某村委会迟迟不履行还款义务。2022年2月24日，高某向法院申请强制执行。执行法官依法向某村委会邮寄送达了执行通知书、报告财产令、风险告知书等法律文书，责令其限期履行相应义务，但某村委会一直拒绝履行。某村委会认为，高某一直未缴纳耕种村集体土地所须缴纳的税费及提留资金，其数额足以抵偿高某的借款。

法律分析

债务抵销，是指当事人互负债务，任何一方可以将自己的债务与对方的到期债务抵销，从而使合同权利义务终止的制度。抵销分为法定抵销与约定抵销。法定抵销是依法律规定的抵销条件而抵销。依据《中华人民共和国民

笔记区

法典》第 568 条的规定,法定抵销的条件有:第一,当事人双方互负债务。第二,被抵销债务已到期,因为抵销具有相互清偿的作用,因此一般只有履行期限届至时,才可以主张抵销;否则等于强制债务人提前履行债务,牺牲其期限利益。第三,债务的标的物种类、品质相同:种类相同,指标的物本身的性质和特点一致,如都是支付金钱,或者交付同样的种类物;品质相同,指标的物的质量、规格、等级无差别。当事人双方互负到期债务的,任何一方可以将自己的债务与对方的债务抵销,但下列情况除外:一是依照法律规定不得抵销;二是按照合同的性质不得抵销。如应当支付下岗工人的生活保障金,不得用以抵销工人欠企业的债务。具有特定人身性质或者依赖特定技能完成的债务不得抵销。如根据教学合同,乙校的张老师应去甲校讲授数学课一个月,而甲校的李老师也负有在乙校讲授一个月数学课的义务,讲课报酬相同。虽然是同种类债务,时间、报酬都相同,但由于张老师、李老师二人的讲授方法不可能相同,因此,双方的讲课债务不能抵销。在本案中,由于某村委会主张的税费和提留资金等债务与高某的债权种类、品质不相同,也无法证明债务抵销经过双方协商,因此不能依据《中华人民共和国民法典》第 568 条的规定主张法定抵销。如果某村委会认为自己的合法权利受到损害,可以采取合理合法的方式另行主张,但其应履行及

笔记区

时还清高某的借款的义务。

知识链接

《中华人民共和国民法典》

第五百六十八条 当事人互负债务,该债务的标的物种类、品质相同的,任何一方可以将自己的债务与对方的到期债务抵销;但是,根据债务性质、按照当事人约定或者依照法律规定不得抵销的除外。

当事人主张抵销的,应当通知对方。通知自到达对方时生效。抵销不得附条件或者附期限。

第五百六十九条 当事人互负债务,标的物种类、品质不相同的,经协商一致,也可以抵销。

最高人民法院《关于适用〈中华人民共和国民法典〉合同编通则若干问题的解释》第五十五条 当事人一方依据民法典第五百六十八条的规定主张抵销,人民法院经审理认为抵销权成立的,应当认定通知到达对方时双方互负的主债务、利息、违约金或者损害赔偿金等债务在同等数额内消灭。

纠纷解决技巧

法定抵销依据当事人一方的意思表示即可成立,而无须相对方的同意。抵销的意思表示采取到达主义,用通知的方式作出,通知一经到达相对方即产生抵销之效力。当

笔记区

事人可选择口头或书面等形式通知,但为防止发生纠纷,以采书面通知的形式为妥。法定抵销中的债务抵销必须以种类和品质相同为前提。在本案中,税费及提留资金与欠款的种类和品质不同,不可冲抵。某村委会的权利受法律保护,可以通过合理合法的途径来主张,不可用拒绝履行还款义务的方式来维护自己的权利。

试题

法定抵销的条件不包括(　　)。[①]

A. 当事人双方互负债务

B. 被抵销债务已到期

C. 债务的标的物种类、品质相同

D. 债权人与债务人达成抵销合意

① 答案:D。

笔记区

▶ 14. 因租赁房屋消防不过关等情况，承租方能解除合同吗？

案例

原告乙方与被告甲方，于2020年8月15日签订了租赁合同，合同约定甲方将其房屋出租给乙方。其中，2020年9月1日至2021年12月31日，因甲方局部施工，或其他原因可能影响乙方对房屋的使用，乙方提出后甲方积极作出改正，此阶段双方不追溯法律责任，甲方免除乙方的租金。合同签订后，2020年9月甲方将涉案房屋交付乙方。在租赁合同履行期间，因甲方施工，为确保施工安全在乙方租赁的房屋周围搭建架子。2021年10月1日，经甲方申请，某市公安消防支队作出建设工程消防验收意见书，该意见书载明：综合评定涉案房屋建设工程消防验收合格。2022年3月12日，某市公安消防大队以自动喷水灭火系统无水，火灾自动报警系统故障，排烟、卷帘等自动设施无法正常联动为由，对乙方经营的店面作出临时查封决定书。乙方以涉案租赁房屋消防不过关，及甲方在其租赁的房屋周围搭建架子影响其使用为由，请求解除该租赁合同。

法律分析

笔记区

合同解除，是指合同当事人一方或者双方依照法律规定或者当事人的约定，依法解除合同从而使合同效力终止的制度。合同解除分为法定解除和约定解除两种情况。其中，法定解除，是指根据法律规定而解除合同，合同解除的条件由法律直接加以规定；约定解除，是指当事人以合同形式约定为一方或双方保留解除权。无论哪种解除，都以有效合同为标的，必须具备解除的条件，原则上必须有解除行为，从而使合同关系消灭。在本案中，甲乙双方在平等自愿的基础上签订租赁合同，该合同系双方真实意思表示，且不违反法律、行政法规的规定，系合法有效的合同。该合同对双方当事人均具有约束力，双方当事人应当按照合同约定履行各自的义务。现乙方以涉案租赁房屋消防不过关，及甲方在其租赁的房屋周围搭建架子影响其使用为由请求解除该租赁合同。依据《中华人民共和国民法典》第 562 条规定的约定解除及第 563 条规定的法定解除，乙方所主张的解除的理由既不符合约定解除的条件，也不具备法定解除的情形。这是因为：第一，乙方称该租赁房屋的消防不过关，甲方提供的证据证实涉案的租赁房屋消防验收合格，而乙方提供的消防检查不过关证据仅针对乙方经营的店面的消防不过关；第二，乙方提出的在租

笔记区

赁房屋周围搭建架子，因为搭建有可能影响乙方正常经营，但不足以导致合同目的不能实现。所以，原告要求解除合同没有事实和法律依据。

知识链接

《中华人民共和国民法典》

第五百六十二条　当事人协商一致，可以解除合同。

当事人可以约定一方解除合同的事由。解除合同的事由发生时，解除权人可以解除合同。

第五百六十三条　有下列情形之一的，当事人可以解除合同：

（一）因不可抗力致使不能实现合同目的；

（二）在履行期限届满前，当事人一方明确表示或者以自己的行为表明不履行主要债务；

（三）当事人一方迟延履行主要债务，经催告后在合理期限内仍未履行；

（四）当事人一方迟延履行债务或者有其他违约行为致使不能实现合同目的；

（五）法律规定的其他情形。

以持续履行的债务为内容的不定期合同，当事人可以随时解除合同，但是应当在合理期限之前通知对方。

笔记区

最高人民法院《关于适用〈中华人民共和国民法典〉合同编通则若干问题的解释》第五十二条 当事人就解除合同协商一致时未对合同解除后的违约责任、结算和清理等问题作出处理，一方主张合同已经解除的，人民法院应予支持。但是，当事人另有约定的除外。

有下列情形之一的，除当事人一方另有意思表示外，人民法院可以认定合同解除：

（一）当事人一方主张行使法律规定或者合同约定的解除权，经审理认为不符合解除权行使条件但是对方同意解除；

（二）双方当事人均不符合解除权行使的条件但是均主张解除合同。

前两款情形下的违约责任、结算和清理等问题，人民法院应当依据民法典第五百六十六条、第五百六十七条和有关违约责任的规定处理。

纠纷解决技巧

合同是当事人为明确各自的权利义务而订立的协议，合同一旦订立，双方均应全面、诚信履行合同。当事人通过解除合同使合同效力终止而不再对双方具有约束力，就必须满足法律规定的解除条件。根据法律规定，合同可以经双方当事人协商一致解除，即协商解除。也可以在签订

笔记区

合同时，明确约定合同解除的条件，当条件成就时合同解除，即约定解除。如果既没有事先约定解除条件，双方当事人也无法协商一致，那么只有在符合法定解除条件时才可以解除合同。《中华人民共和国民法典》第 563 条规定了五种当事人可以解除合同的情况。

试题

合同法定解除的情形不包括(　　)。[①]

A. 因不可抗力致使不能实现合同目的

B. 在履行期限届满前，当事人一方明确表示或者以自己的行为表明不履行主要债务

C. 当事人一方迟延履行主要债务

D. 当事人一方迟延履行债务或者有其他违约行为致使不能实现合同目的

① 答案：C。

笔记区

▶ 15. 违约方能解除合同吗?

案例

王某在2021年5月31日与某汽车销售公司签订了客车买卖合同,打算承包该村到市中心的某公交运营线路跑客运。王某于合同签订当日向某汽车销售公司交付购车定金16万元,并于同年6月27日通过银行汇款的方式向某汽车销售公司支付购车款60万元。2021年9月16日,某汽车销售公司告知王某及时办理提车手续并将车款全额付清。由于王某申请的某公交运营线路没审批下来而未能取得营运手续,因此,其向某汽车销售公司提出解除买卖合同,返还购车款。

法律分析

王某在违约的情况下,能否解除客车买卖合同?首先,现行法并未明确禁止违约方解除合同的权利。一般来讲,合同是当事人之间的契约,按约履行合同除囿于法律规定的约束外,很大程度上还要取决于当事人的自愿。在合同一方当事人不愿意继续履行合同时,虽然有强制履行的制度设定,但强制履行显然不可能适用于所有不自愿履行的情形。如果机械地理解"依法成立的合同应当履行",

笔记区

并一律排除违约方解除合同的权利，以绝对地强制对抗当事人的意思自由，有可能会耗费极大的社会成本。因此，在法律没有明确禁止违约方行使合同解除权的情形下，违约方主张解除合同的权利不应完全予以排斥。在本案中，王某未取得营运手续，双方的合作基础已经丧失，应允许其解除合同。

知识链接

《中华人民共和国民法典》第五百八十条 当事人一方不履行非金钱债务或者履行非金钱债务不符合约定的，对方可以请求履行，但是有下列情形之一的除外：

（一）法律上或者事实上不能履行；

（二）债务的标的不适于强制履行或者履行费用过高；

（三）债权人在合理期限内未请求履行。

有前款规定的除外情形之一，致使不能实现合同目的的，人民法院或者仲裁机构可以根据当事人的请求终止合同权利义务关系，但是不影响违约责任的承担。

纠纷解决技巧

一般来说，违约方没有权利提出解除合同，只有守约方才有权利选择继续履行合同还是解除合同。合同作为双方当事人意思表示高度一致且愿意受此意思表示约束的一种承诺，应当得到遵守和履行。但是，在因对方违约

笔记区

而无法履行合同时,守约方如果不诉至法院,则争议的合同履行将遥遥无期,双方的法律关系也将长期处于不确定状态。不仅守约方得不到利益,违约方也将遭受巨大损失,必然会出现"双输"的局面。因此,在现行法律并没有关于违约方不得解除合同的明确规定的情形下,违约方主张解除合同的权利不应完全予以排斥。判决双方合同解除,违约方以承担违约责任及赔偿损失为代价"购得"了一个解除权,守约方获得了充分的赔偿,形成了"双赢"的结果。但支持违约方解除合同的请求仅是例外情况,民法的诚实信用原则不允许当事人因违约而获得利益,违约方无解除权是基本原则。

试题

当事人一方不履行非金钱债务或者履行非金钱债务不符合约定的,对方可以请求履行的情形包括(　　)。[①]

A. 法律上或者事实上不能履行

B. 债务人拒绝履行

C. 债务的标的不适于强制履行或者履行费用过高

D. 债权人在合理期限内未请求履行

① 答案:B。

笔记区

▶ 16. 一方违约后主张继续履行合同，而对方主张解除合同怎样处理？

案例

2021年2月24日，周某与甲公司签订装修设计套餐预定合同，合同约定了装修地址、量房时间（2021年2月25日）、交房时间（2021年3月）、装修时间（2021年3月）。合同第一章约定：周某以交定金方式委托甲公司提供装修设计、预算、施工，家具、家电供应等一系列服务，周某预付定金后，甲公司开始为其完成设计等一系列服务，周某所缴纳定金不退还。合同第五章第4项约定：量房7日后出设计方案。当天，周某按照合同约定支付定金10,000元。2021年2月25日，甲公司安排工作人员量房。量房后，甲公司未按照合同中7日后出设计方案的约定履行义务。2021年3月13日，甲公司工作人员才将设计方案通过微信方式发送给周某并约周某就设计方案当面沟通，周某未予答复。2021年3月27日，周某认为甲公司违反合同约定，要求终止合同。2021年5月21日，周某向法院起诉，要求解除合同。审理中，甲公司明确表示愿意继续履行合同，周某明确表示不愿意继续履行合同。

16. 一方违约后主张继续履行合同，而对方主张解除合同怎样处理？

笔记区

法律分析

继续履行也叫强制履行，是指合同当事人一方不履行合同义务或者履行合同义务不符合约定时，经另一方当事人的请求，法律强制其按照约定继续履行合同的义务。《中华人民共和国民法典》中规定的继续履行通常适用的对象是金钱、财物、票证、房屋土地等。在一般情形下，主张继续履行应当满足的条件是：第一，存在违约行为。如果没有违约行为发生，那么仅为债务履行问题，债权人有履行请求权，债务人有履行债务的义务，没有强制履行问题。第二，须有守约方请求违约方继续履行合同债务的行为。如果守约方不请求违约方继续履行，而是将合同解除，便不可能成立强制履行责任。第三，须违约方能够继续履行。如果合同已经不能履行，则无论是事实上的不能，还是法律上的不能，都不应再有强制履行责任的发生。否则，无异于强债务人所难，于理于法，均有不合。在本案中，周某与甲公司之间依法形成装修设计合同法律关系，该合同在性质上不适于强制履行，因此甲公司违约后主张继续履行的请求权不应获得支持。

知识链接

《中华人民共和国民法典》第五百八十条 当事人一方不履行非金钱债务或者履行非金钱债务不符合约定的，

笔记区

对方可以请求履行,但是有下列情形之一的除外:

(一)法律上或者事实上不能履行;

(二)债务的标的不适于强制履行或者履行费用过高;

(三)债权人在合理期限内未请求履行。

有前款规定的除外情形之一,致使不能实现合同目的的,人民法院或者仲裁机构可以根据当事人的请求终止合同权利义务关系,但是不影响违约责任的承担。

纠纷解决技巧

继续履行是合同履行的继续,是履行原合同债务,它同一般的履行合同债务的行为不同:一是履行时间不一致,继续履行的时间晚于履行原合同债务的时间;二是作为法律规定的对违约方的一种强制形式,继续履行比正常的合同履行增加了国家强制。在违约方违约的情况下,多了一种道德和法律对违约的否定性评价。继续履行属于违约责任的方式,而不是单纯的合同债务的履行。继续履行是同解除合同完全对立的补救方法,主张继续履行就不能请求解除合同,主张解除合同就不能请求继续履行。

16. 一方违约后主张继续履行合同，而对方主张解除合同怎样处理？

试题

笔记区

在一般情形下，主张继续履行应当满足的条件不包括（　　）。[1]

A. 须当事人对继续履行有明确约定

B. 存在违约行为

C. 须有守约方请求违约方继续履行合同债务的行为

D. 须违约方能够继续履行

---

① 答案：A。

笔记区

17. 在合同履行期到来前，当事人明确拒绝继续履行怎么办？

案例

某村小卖部经营者张某多次前往该村养殖大户李某处以先赊后还方式购买蛋肉。2021年5月9日，张某向李某出具欠条1份，内容载明“张某今欠李某货款共计60,911元。张某承诺于2021年8月30日前还清。双方约定债权人因追偿此债务产生的律师费、诉讼费、交通费、误工费等损失，由债务人承担。双方一致同意本协议具有强制执行效力”。另外，在该欠条右下方手写备注“还款日期计划:2021年5月31日前还款1万元;2021年6月30日前还款1万元;2021年7月30日前还款2万元;2021年8月30日前全部还清余款”。张某在该欠条上签字捺印。2021年6月1日至8月1日，李某多次向张某催要货款，但张某不仅未曾偿还该笔货款，并且有意逃避债务，因此，李某诉请判令张某支付全部货款60,911元。

法律分析

预期违约又称提前违约，是指合同当事人在合同有效成立后、履行期限届满前的期间内，没有合同约定或者法

笔记区

律规定的理由，而表示不履行合同义务的行为。预期违约表现为未来不履行义务，可分为明示和默示两种。明示的预期违约是合同一方向对方明确表示不履行合同义务，应当具备以下要件：一是违约方向相对方作出不履行债务的明确表示；二是违约方是在合同履行期限届满前向相对方作出上述意思表示；三是违约方必须表示不履行合同的主要义务；四是明示的违约方无正当理由。默示的预期违约是合同一方虽然没有明确表示不履行合同，但从其行为中可以推断出其不会履行合同义务。默示的预期违约除满足上述第三个和第四个要件外，还需具备如下要件：一是合同一方根据合同相对方的行为或情况推测该方在履行届满时将不履行合同义务；二是合同一方作如此推测有确切的证据；三是预期违约方不能在合理的期间内提供充分的保证。在本案中，张某与李某之间存在有效的买卖合同关系。张某向李某出具欠条的行为，应当视为其对欠款事实及数额的确认。根据双方达成的还款方案，前三期还款期限均已届满，但张某未依约向李某付款，根据《中华人民共和国民法典》第578条的规定，张某已构成预期违约，李某有权在第四期还款期限届满前要求对方支付全部欠款。

笔记区

知识链接

《中华人民共和国民法典》第五百七十八条 当事人一方明确表示或者以自己的行为表明不履行合同义务的，对方可以在履行期限届满前请求其承担违约责任。

纠纷解决技巧

合同一方当事人在合同有效成立后、履行期限届满前的期间内，没有合同约定或者法律规定的理由，而明确表示或以自己的行为表明不履行合同义务的行为构成预期违约，对方当事人可以在履行期限届满前请求其承担违约责任。

试题

判断明示预期违约的条件不包括(　　)。[1]

A. 违约方向相对方作出不履行债务的明确表示

B. 违约方是在合同履行期限届满前向相对方作出上述意思表示

C. 违约方表示不履行合同附随义务

D. 明示的违约方无正当理由

---

① 答案：C。

笔记区

18. 违约损失赔偿范围怎样确定?

案例

为迎接 2022 年 3 月 15 日开始的"桃花节"住店高峰需求,甲旅社需要翻修四间客房。2022 年 2 月 10 日,甲旅社与个体装修工乙达成协议,由甲旅社供料,乙负责在 2022 年 2 月 11 日至 25 日将房屋内门窗、地板整修合格,包工工酬为 20,000 元。2020 年 2 月 25 日,甲旅社验收时发现门窗、地板严重不合格,无法对外营业,因此甲旅社没有向乙支付工酬。甲旅社另雇 10 人于 2 月 25 日至 3 月 1 日白天、夜晚两班施工,以赶上 3 月 15 日开始的住店高峰期。因为原工程质量太差,最终于 3 月 7 日完工。甲旅社支付 10 人工酬 20,000 元,另支付材料费 10,000 元。3 月 8 日,甲旅社开始对外营业,四间客房立即爆满,而附近的其他旅社的房租已从 3 月 5 日的每间每天 300 元攀升至每天 500 元。现甲旅社向法院起诉,要求乙赔偿损失。

法律分析

赔偿损失,是指违约方依据合同约定或者法律规定承担的赔偿对方当事人所受损失的责任。赔偿损失突出的特点在于补偿性,一般不具有惩罚性。其构成要件是:第

笔记区

一，存在违约行为，包括不能履行、不完全履行、迟延履行、拒绝履行等违约形式。第二，债权人有损失，包括直接损失和间接损失。其中，直接损失指既存利益因违约行为而减少，间接损失指可得利益因没有获得而减少。第三，违约行为与损失的发生有因果关系。赔偿损失的原则是：完全赔偿原则，是指违约方对违约行为造成的损失应当全部赔偿；可得利益（履行利益）赔偿原则，是指因违约行为的发生而导致的当事人损失了在合同得到履行的情况下可以获得的利益。可得利益的损失虽然不是实际财产的损失，但如果没有违约行为发生，当事人能够获得该利益。因此，可得利益的损失与实际利益的损失均应赔偿。可得利益具有未来性，是当事人订立合同时期望通过合同获得的利益，因此，可得利益的损失是当事人订立合同时可以预见的利益。可得利益具有现实性，是客观的。只要合同得到履行，该利益就能实现。在本案中，甲旅社因乙的行为所造成的材料损失，另行雇工的损失属于实际损害。此外，甲旅社的四个房间如果装修合格，从住店高峰期即3月5日起就可以对外营业，但因原施工质量不合格拖至3月8日才对外营业，其间的营业收入构成可得利益的损失，该所失利益是确定的，因此，乙对该所失利益也应予以赔偿。

笔记区

知识链接

《中华人民共和国民法典》第五百八十四条 当事人一方不履行合同义务或者履行合同义务不符合约定,造成对方损失的,损失赔偿额应当相当于因违约所造成的损失,包括合同履行后可以获得的利益;但是,不得超过违约一方订立合同时预见到或者应当预见到的因违约可能造成的损失。

最高人民法院《关于适用〈中华人民共和国民法典〉合同编通则若干问题的解释》第六十条 人民法院依据民法典第五百八十四条的规定确定合同履行后可以获得的利益时,可以在扣除非违约方为订立、履行合同支出的费用等合理成本后,按照非违约方能够获得的生产利润、经营利润或者转售利润等计算。

非违约方依法行使合同解除权并实施了替代交易,主张按照替代交易价格与合同价格的差额确定合同履行后可以获得的利益的,人民法院依法予以支持;替代交易价格明显偏离替代交易发生时当地的市场价格,违约方主张按照市场价格与合同价格的差额确定合同履行后可以获得的利益的,人民法院应予支持。

非违约方依法行使合同解除权但是未实施替代交易,主张按照违约行为发生后合理期间内合同履行地的市场价格与合同价格的差额确定合同履行后可以获得的利益

笔记区

的，人民法院应予支持。

纠纷解决技巧

违约损害赔偿有约定损害赔偿和法定损害赔偿两种。约定损害赔偿，是指合同当事人在订立合同时，预先约定一方违约产生的损失赔偿额的计算方法或者向对方支付一定的金钱。法定损害赔偿，是指在当事人一方违约造成对方损失时，按照法律规定的办法计算赔偿额进行赔偿，其根本特征在于法定性，即由法律直接规定。在法定损害赔偿中，法律不仅规定了违约赔偿的条件、范围，也规定了赔偿的计算办法等。与法定损害赔偿相比，约定损害赔偿最重要的特点是有利于在一方违约造成对方损害时及时解决赔偿问题。在违约发生后，实际损害的确定，特别是可得利益损失的确定非常复杂，而计算赔偿数额又要花费大量的时间和费用，使诉讼时间延长。当事人事先约定赔偿，可以及时对受害人作出补偿，解决当事人之间发生的争议。

试题

笔记区

下列关于违约损失赔偿的表述错误的是(　　)。[①]

A. 违约损失应全面赔偿

B. 违约损失赔偿主要是补偿受害人

C. 违约损失赔偿主要是惩罚违约人

D. 违约损失赔偿应符合可预见规则

① 答案:C。

笔记区

19. 当事人能约定排除适用违约金调整条款吗?

案例

蔬菜种植公司与蔬菜销售公司于2021年3月15日签订蔬菜买卖合同,约定买方逾期付款时按单价每日每吨加价500元的"加价款"承担违约责任,同时约定"按未付款总额每日3‰"支付违约金,并特别约定"买卖双方均确认本条约定的违约金适当,无《中华人民共和国民法典》第585条所述约定的违约金过高的异议"。2022年3月17日,因蔬菜销售公司逾期67天付款,蔬菜种植公司向法院起诉,要求对方按照合同约定承担违约责任。案件受理后,蔬菜销售公司全额支付了货款,但蔬菜种植公司仍要求其依据合同约定承担责任。

法律分析

当事人根据《中华人民共和国民法典》第585条的规定享有的权利,属于民事权利中的财产性请求权。享有该权利的权利主体可根据自己的意志决定该项民事权利是否予以抛弃。在本案中,双方明确排除《中华人民共和国民法典》第585条关于约定违约金低于或过分高于造成损失的,当事人可请求法院或仲裁机构予以增加或适当减少

笔记区

规定的适用。蔬菜销售公司在签约时,对其依据《中华人民共和国民法典》第 585 条的规定所享有的权利是明知的,且对逾期付款可能承担的违约金数额具有充分的预估能力,但双方仍在合同中排除适用该法律条款,应认定蔬菜销售公司放弃该项权利意思明确。同时,蔬菜销售公司未举证证明该项约定系蔬菜种植公司依据其强势、垄断的交易地位,迫使蔬菜销售公司作出的意思表示,故应认定蔬菜销售公司放弃请求违约金调减系其真实意思表示。且双方在合同中约定排除适用该法律条款并不违反法律和法规的强制性规定,也未损害国家利益、社会公共利益及第三人权利,该项约定合法有效,应产生抛弃民事权利的法律后果。在“加价款”和“按未付款总额每日 3‰”两种违约责任同时存在的情况下,根据蔬菜销售公司已全部履行货款本金的情况,适用责任较重的违约金条款(每日 3‰)足以弥补蔬菜种植公司损失。如同时适用两种违约责任承担方式,显已超出蔬菜销售公司在订立合同时,能够预见到或应当预见到因违反合同可能造成的损失,不符合蔬菜销售公司真实意思表示,也有违公平原则和诚实信用原则。故蔬菜种植公司同时要求按两项违约金条款承担违约责任理由不成立。

笔记区

知识链接

《中华人民共和国民法典》

第四百六十五条 依法成立的合同,受法律保护。

依法成立的合同,仅对当事人具有法律约束力,但是法律另有规定的除外。

第五百八十五条 当事人可以约定一方违约时应当根据违约情况向对方支付一定数额的违约金,也可以约定因违约产生的损失赔偿额的计算方法。

约定的违约金低于造成的损失的,人民法院或者仲裁机构可以根据当事人的请求予以增加;约定的违约金过分高于造成的损失的,人民法院或者仲裁机构可以根据当事人的请求予以适当减少。

当事人就迟延履行约定违约金的,违约方支付违约金后,还应当履行债务。

最高人民法院《关于适用〈中华人民共和国民法典〉合同编通则若干问题的解释》第六十四条 当事人一方通过反诉或者抗辩的方式,请求调整违约金的,人民法院依法予以支持。

违约方主张约定的违约金过分高于违约造成的损失,请求予以适当减少的,应当承担举证责任。非违约方主张约定的违约金合理的,也应当提供相应的证据。

当事人仅以合同约定不得对违约金进行调整为由主

张不予调整违约金的，人民法院不予支持。

笔记区

纠纷解决技巧

合同双方当事人排除适用《中华人民共和国民法典》第585条第2款关于违约金调整条款的约定，系当事人处分其民事权利的结果。该处分行为如果满足《中华人民共和国民法典》第143条规定的法律行为的一般生效要件即行为人具有相应的民事行为能力；意思表示真实；不违反法律、行政法规的强制性规定，不违背公序良俗，即有效。另外，违约损失赔偿的目的在于补偿性，通常情形下并不具有惩罚性，因此当违约金足以赔偿损失时，不应再给违约方课以过重的赔偿责任。

试题

下列关于违约金调整条款的表述错误的是（　　）。[1]

A. 当事人可以约定排除适用违约金调整条款

B. 违约金调整条款具有强制性

C. 违约金调整条款是赋予当事人权利的条款

D. 违约金调整条款给予了法官自由裁量权

① 答案：B。

笔记区

▶ 20. 当事人约定的违约金数额能调整吗?

案例

柳某与某公司于2021年11月6日签订蔬菜供货合同,约定由柳某向某公司供应蔬菜。同时约定,某公司逾期给付柳某货款,应承担日计万分之五的违约金。2021年11月15日至12月21日,柳某向某公司供货货款共计487,870元,某公司陆续支付419,000元,尚欠68,870元未付。柳某诉至法院,请求法院判令某公司支付欠款68,870元,并承担违约金40,000元及诉讼费用。法院受理该案后,某公司答辩称,与原告签订的购货合同、补充协议属实,其已经支付给柳某货款419,000元,柳某请求的违约金过高,请求法院依法适当减少。

法律分析

违约金是合同当事人在订立合同时预先约定的,当一方违约时应向对方支付的一定数量的金钱。违约金作为一种违约责任形式,具有赔偿性、惩罚性和约束性等特点。所谓赔偿性违约金,是指合同当事人预先估计的损害赔偿总额,也称为损害赔偿额的预定,一方当事人在支付了违约金后,不再承担赔偿损失责任或者实际履行责任(迟延

笔记区

履行债务的除外)。惩罚性违约金,是指法律直接规定或者合同约定的由违约方向对方支付一定数额的金钱,以作为对违约行为的惩罚,该违约金的支付并不影响损害赔偿的存在及其范围。法定违约金一般为惩罚性违约金,约定违约金以赔偿性违约金为主,也可以是惩罚性违约金。违约金种类的不同对违约金数额的确定具有很大的影响。《中华人民共和国民法典》第 585 条第 2 款的规定表明,违约金的数额以损失为参照,调整违约金数额的目的是使之与因违约造成的损失基本相当或者大致平衡,因而具有补偿性,主要是为了弥补受害方的损失。最高人民法院《关于审理买卖合同纠纷案件适用法律问题的解释》第 20 条也作了同样规定。因此,我国立法中违约金的法律性质是以补偿性为主,惩罚性为辅。在本案中,某公司已经履行了主要义务,尚未履行的货款 68,870 元不足总应付款的 15%,而违约金高达 40,000 元已达到司法实践中通常认为的"当事人约定的违约金超过造成损失的百分之三十的,一般可以认定为《中华人民共和国民法典》第 585 条第 2 款规定的'过分高于造成的损失'"标准,承担 40,000 元违约金的责任属于"过分高于造成的损失"情形,应予适当调整。

知识链接

《中华人民共和国民法典》第五百八十五条　当事人

笔记区

可以约定一方违约时应当根据违约情况向对方支付一定数额的违约金，也可以约定因违约产生的损失赔偿额的计算方法。

约定的违约金低于造成的损失的，人民法院或者仲裁机构可以根据当事人的请求予以增加；约定的违约金过分高于造成的损失的，人民法院或者仲裁机构可以根据当事人的请求予以适当减少。

当事人就迟延履行约定违约金的，违约方支付违约金后，还应当履行债务。

最高人民法院《关于适用〈中华人民共和国民法典〉合同编通则若干问题的解释》第六十五条　当事人主张约定的违约金过分高于违约造成的损失，请求予以适当减少的，人民法院应当以民法典第五百八十四条规定的损失为基础，兼顾合同主体、交易类型、合同的履行情况、当事人的过错程度、履约背景等因素，遵循公平原则和诚信原则进行衡量，并作出裁判。

约定的违约金超过造成损失的百分之三十的，人民法院一般可以认定为过分高于造成的损失。

恶意违约的当事人一方请求减少违约金的，人民法院一般不予支持。

最高人民法院《关于审理买卖合同纠纷案件适用法律问题的解释》第二十条　买卖合同因违约而解除后，守约方主张继续适用违约金条款的,人民法院应予支持;但约定的违约金过分高于造成的损失的,人民法院可以参照民法典第五百八十五条第二款的规定处理。

纠纷解决技巧

考虑我国立法上的违约金以补偿为主、惩罚为辅的法律性质,法院对合同当事人约定的违约金数额过高或低于损失的情况应予以调整。当违约金过分高于损失时,降低违约金,使其惩罚性减轻;当违约金低于损失时,予以调高,有利于保护守约方的利益,使违约金惩罚性加强。在司法实践中,当事人主张约定的违约金过高请求予以适当减少的,法院可以以实际损失为基础,兼顾合同的履行情况、当事人的过错程度以及预期利益等综合因素,根据公平原则和诚实信用原则予以衡量,并作出裁决。

试题

下列关于违约金的表述正确的是(　　)。[①]

A. 违约金只具有惩罚性

B. 违约金只具有补偿性

C. 违约金数额不能调整

D. 当事人可以约定违约金

---

① 答案:D。

笔记区

▶ 21. 违约情形下，定金和违约金能同时适用吗？

案例

某村养殖大户张某与种猪销售甲公司签订买卖合同。合同约定：甲公司供给张某种猪10头，每头单价5万元；张某应交付定金30万元；如果一方违约，则应支付总价款的20%作为违约金。合同签订后，张某立即将30万元定金交付甲公司，并很快与肉联厂签订了一份生猪买卖合同。后甲公司没有按期履行合同，由此导致张某无法依约履行与肉联厂之间的合同，为此张某向肉联厂支付违约金20万元。现张某要求甲公司双倍返还定金60万元、支付违约金20万元。甲公司则以定金条款无效为由主张合同无效。

法律分析

定金，是指合同当事人为确保合同的履行，由一方当事人按合同标的额的一定比例向对方预先给付的金钱。根据法律规定，当事人约定的定金数额不得超过合同标的额的20%，超过部分不发生定金效力而由收受方退回或抵作价款。给付方不履行合同约定的义务，无权要求返还定金；收受方不履行合同约定的义务，应双倍返还定金。因

笔记区

此，定金具有惩罚性，目的在于督促双方当事人积极履行合同义务。违约金，是指合同当事人预先设定的或法律直接规定的，在一方不履行合同时给付另一方一定数额的金钱。而违约金通常情形下具有补偿性，依据《中华人民共和国民法典》第 585 条第 2 款的规定，适用违约金时，可以实际发生的损失作为要求增加或减少违约金的法定依据。依据《中华人民共和国民法典》第 588 条的规定，在定金、违约金和损害赔偿金并存时，三者的适用原则应为：在适用定金罚则的情况下，定金不能与违约金、损害赔偿金同时适用，即不能同时主张定金罚和全部的违约金或损害赔偿金；定金不足以弥补全部损失的，超出定金数额部分的损失，可以主张通过损害赔偿金来加以补充。在本案中，甲公司和张某约定的定金超过了合同标的额的 20%，超出部分不发生定金效力，具有定金效力的只有 10 万元；由于定金和违约金不能同时适用，因此张某要么主张双倍返还定金即 20 万元，要么主张赔偿 20 万元违约金。

知识链接

《中华人民共和国民法典》

第五百八十六条　当事人可以约定一方向对方给付定金作为债权的担保。定金合同自实际交付定金时成立。

定金的数额由当事人约定；但是，不得超过主合同标

笔记区

的额的百分之二十,超过部分不产生定金的效力。实际交付的定金数额多于或者少于约定数额的,视为变更约定的定金数额。

第五百八十七条 债务人履行债务的,定金应当抵作价款或者收回。给付定金的一方不履行债务或者履行债务不符合约定,致使不能实现合同目的的,无权请求返还定金;收受定金的一方不履行债务或者履行债务不符合约定,致使不能实现合同目的的,应当双倍返还定金。

第五百八十八条 当事人既约定违约金,又约定定金的,一方违约时,对方可以选择适用违约金或者定金条款。

定金不足以弥补一方违约造成的损失的,对方可以请求赔偿超过定金数额的损失。

纠纷解决技巧

违约金和定金不可以合并适用,但定金和赔偿金可以合并适用。在按照定金罚则处理时,如果债权人仍然有损失而合同中没有约定违约金,债务人应当再支付赔偿金,赔偿金数额应当是损失减去定金剩余的数额。当债权人选择主张违约金时,如果约定的违约金低于造成的损失,法院或者仲裁机构可以根据当事人的请求予以增加,以使债权人遭受的损失获得全部的赔偿。

21. 违约情形下，定金和违约金能同时适用吗？

试题

笔记区

违约金和定金(　　)。[1]

A. 可以同时适用

B. 不能同时适用

C. 仅具有惩罚性

D. 都是法定的

---

① 答案：B。

笔记区

▶ 22. 当事人一方能以出卖人在缔约时对标的物没有处分权为由主张合同无效吗?

案例

韩某与杨某在2021年签订协议,双方约定杨某将其所有的B×号小货车卖给韩某。协议约定车辆总价款是120,000元,先期支付60,000元,杨某配合韩某办理解押、过户,韩某在机动车登记证书拿到后支付尾款。韩某于协议签订当日以银行转账的方式,按照协议的约定支付了60,000元购车款;杨某收到车款后向韩某交付了车辆。后由于杨某拒不配合办理过户等相关手续,致使韩某无法正常使用该车辆,只能停放在停车场内。韩某多次催促杨某办理过户等相关手续,但杨某均以种种理由拒绝协助办理。另查明,B×号小货车登记车主系阴某,在庭审过程中,阴某明确表示不同意为车辆办理过户。韩某向法院起诉,要求杨某退还购车款。杨某则以自己在签订买卖合同时,对B×号小货车没有处分权而主张合同无效,拒绝退还购车款。

法律分析

无权处分,是指行为人没有处分权,却以自己的名义实施的对他人财产的法律上的处分行为。无权处分合同并不因行为人没有处分权而无效,对其效力的判断,在法律没有特别规定时,仍应当依据《中华人民共和国民法典》第143条规定的法律行为的一般生效要件(行为人具有相应的民事行为能力;意思表示真实;不违反法律、行政法规的强制性规定,不违背公序良俗)进行判断。在本案中,韩某与杨某签订的购车协议是双方当事人的真实意思表示,当事人应严格按照合同约定履行合同义务。同时,本案中买卖合同的标的物是登记在阴某名下,被告杨某将没有登记在自己名下的车辆出卖给原告韩某,本身并不具有处分权,其事后也未得到所有权人阴某的追认,所以杨某转让车辆属于无权处分。根据《中华人民共和国民法典》第597条的规定,因出卖人杨某未取得处分权致使标的物的所有权不能转移的,买受人韩某可以解除合同并请求出卖人杨某承担违约责任。转移标的物所有权的,买受人韩某应当支付相应对价。现韩某要求杨某退还购车款60,000元,该请求符合法律规定,应予支持,但韩某应当将车辆退还给杨某。

知识链接

《中华人民共和国民法典》第五百九十七条 因出卖人未取得处分权致使标的物所有权不能转移的,买受人可

笔记区

以解除合同并请求出卖人承担违约责任。

法律、行政法规禁止或者限制转让的标的物，依照其规定。

最高人民法院《关于适用〈中华人民共和国民法典〉合同编通则若干问题的解释》第十九条　以转让或者设定财产权利为目的订立的合同，当事人或者真正权利人仅以让与人在订立合同时对标的物没有所有权或者处分权为由主张合同无效的，人民法院不予支持；因未取得真正权利人事后同意或者让与人事后未取得处分权导致合同不能履行，受让人主张解除合同并请求让与人承担违反合同的赔偿责任的，人民法院依法予以支持。

前款规定的合同被认定有效，且让与人已经将财产交付或者移转登记至受让人，真正权利人请求认定财产权利未发生变动或者请求返还财产的，人民法院应予支持。但是，受让人依据民法典第三百一十一条等规定善意取得财产权利的除外。

纠纷解决技巧

由于无权处分人与相对人、无权处分人与权利人、权利人与相对人涉及三层民事关系，其中只有无权处分人与相对人之间的关系为纯粹的交易关系，因此，应在保障此交易安全的前提下再考虑其他两层民事关系问题。这也

笔记区

就意味着无权处分合同并不必然会因涉及无权处分而无效。一方面,在相对人明知无权处分人无处分权而与之进行交易时,由于相对人此时的目的在于使自己通过交易获得本属于权利人的利益,而对于无权处分人无处分权不加理会,此时如果无权处分人和相对人恶意串通,那么合同无效。在此情形下,权利人可以基于所有物返还请求权请求相对人返还财产,也可以依侵权行为的规定请求无权处分人赔偿损失。如果双方主观上没有恶意串通,那么合同效力在符合法律规定的条件时有效,相对人可以向无权处分人主张违约责任,此时相对人对损害的发生也有过错,适用过错相抵。另一方面,相对人不知或者不应当知道无权处分人无处分权而与之进行交易的行为,此时相对人由于不知道权利人的存在,所以其主观上是善意的。对于善意的相对人,应当给予充分的保护,从而起到鼓励市场自由交易行为的作用。

试题

出卖人在缔约时对标的物没有处分权,该合同(　　)。[1]

A. 必然无效　　B. 必然有效

C. 必然不成立　　D. 可能有效

---

① 答案:D。

笔记区

23. 政府征收对合同当事人权利义务有哪些影响？

案例

甲村村委会与乙公司在2015年9月11日签订房屋租赁合同，甲村村委会将房屋出租给乙公司，租赁期限为2016年1月1日至2036年12月31日。合同第8条约定，由于不可抗力（水灾、地震、战争）原因造成本合同不能继续履行的，双方互不负责任。2016年4月22日，乙公司对该租赁房屋进行装修，开办某农家乐对外经营。2017年4月1日，丙公司与乙公司签订租赁商铺合同，约定丙公司出租坐落于某农家乐院内附楼一栋房屋给乙公司；租赁期限自2018年1月1日至2036年12月31日。此外，合同约定如遇地震、台风、水灾等不可抗力事件的发生，致使乙公司无法继续使用该租赁商铺，无法继续履行或暂时不能履行本合同的，丙公司须以书面形式通知乙公司有关情况，并于事发后15日内向乙公司提供事故的详细说明及具体证明。后丙公司依约将出租房屋交付给乙公司使用。2019年，在村改造过程中，涉案房屋被规划为村改造地块，在拆迁改建范围内。2019年9月5日，甲村村委会、丙公司向乙公司发出《关于解除并终止履行〈房屋租赁合同〉的

笔记区

通知》。乙公司认为,甲村村委会、丙公司解除合同属于违约行为,要求甲村村委会、丙公司支付违约金、第三方违约金、工程损失,设备、设施款,预期利益等。甲村村委会、丙公司认为村改造属于不可抗力,不应承担赔偿责任。

法律分析

不可抗力,是指不能预见、不能避免且不能克服的客观情况。政府征收具有强制性、公共利益性,相对于一般民事主体来说,属于不能预见、不能避免且不能克服的客观情况。民法上的不可抗力不局限于当事人列举,应当结合上述法律规定的不可抗力概念综合考量。因政府征收导致房屋租赁合同无法继续履行的,符合民法上规定的因不可抗力致使不能实现合同目的,当事人可以解除合同。在本案中,涉案房屋属于政府的征收规划范围,由于有关征收及拆迁行为是由政府决定并付诸实施的强制行为,符合不可预见性、不可避免性、不可克服性等不可抗力的基本特征,不能归责于本案任何一方,因此,属于不可抗力不能实现合同目的解除合同的情形。据此,甲村村委会、丙公司解除合同并不违反合同约定,无须承担违约责任。

笔记区

知识链接

《中华人民共和国民法典》

第一百八十条 因不可抗力不能履行民事义务的，不承担民事责任。法律另有规定的，依照其规定。

不可抗力是不能预见、不能避免且不能克服的客观情况。

第五百九十条 当事人一方因不可抗力不能履行合同的，根据不可抗力的影响，部分或者全部免除责任，但是法律另有规定的除外。因不可抗力不能履行合同的，应当及时通知对方，以减轻可能给对方造成的损失，并应当在合理期限内提供证明。

当事人迟延履行后发生不可抗力的，不免除其违约责任。

纠纷解决技巧

不可抗力，是指不能预见、不能避免且不能克服的客观情况，并不限于双方当事人在房屋租赁合同中约定的情形，对其应以客观情况是否同时具备不可预见性、不可避免性、不可克服性等特征加以综合判断。有关征收及拆迁行为是由政府决定并付诸实施的强制行为，符合不可预见性、不可避免性、不可克服性等不可抗力的基本特征，不能归责于本案任何一方。在合同因不可归责于双方的事由而解除的情况下,可以按照公平原则分担损失。

笔记区

试题

下列关于不可抗力的表述错误的是(　　)。[①]

A. 不可抗力不能预见

B. 不可抗力不能避免

C. 不可抗力不能免责

D. 不可抗力不能克服

---

① 答案:C。

笔记区

▶ 24. 一方当事人违约时，对方当事人应不应该采取措施防止损失扩大？

案例

甲村村委会与乙汽车公司在2020年7月签订场地租赁合同，约定乙汽车公司向甲村村委会承租涉讼场地用于经销汽车，租赁期限自2020年8月1日起至2041年7月31日止，并在合同第9条“违约责任”中的第3款第5项约定：“除第3款规定外，乙汽车公司违反本合同的其他规定，甲村村委会有权解除本合同，并视作乙汽车公司单方终止本合同，乙汽车公司已付的租金和租赁保证金，甲村村委会不予返还。若因乙汽车公司的过错造成其他损失，乙汽车公司应负责赔偿。”2021年1月2日和2月7日，乙汽车公司向甲村村委会发出《退租通知函》，称“租赁合同将于2021年12月31日提前终止（终止日）；请安排于终止日前完成场地交还手续”。甲村村委会回复乙汽车公司称“不同意退租，请信守承诺，继续按合同执行”。乙汽车公司于2021年12月31日单方撤离涉讼场地，停止经营。为此，甲村村委会向法院起诉，提出包括“判决乙汽车公司向甲村村委会支付2022年1月1日至2041年7月31日的租金”请求在内的各项诉讼请求。

24. 一方当事人违约时，对方当事人应不应该采取措施防止损失扩大？

法律分析

笔记区

减轻损失规则，简称减损规则，是指在违约方违约后，非违约方应该采取适当的措施来避免或减少损失的扩大，如果未能采取适当措施减少损失，则不能请求赔偿本可以避免的损失。在本案中，甲村村委会与乙汽车公司签订的场地租赁合同，是双方当事人的真实意思表示，合法有效。对于甲村村委会主张的损失赔偿问题，根据《中华人民共和国民法典》第591条的规定，当事人一方违约后，对方应当采取适当措施防止损失的扩大；没有采取适当措施致使损失扩大的，不得就扩大的损失请求赔偿。双方签订的场地租赁合同所约定的租赁期虽未满，但在乙汽车公司已实质性表示不再履行该租赁合同且已搬离该场地的情况下，甲村村委会作为出租方并未采取适当的措施防止损失的扩大。故甲村村委会主张乙汽车公司应支付其2022年1月1日至2041年7月31日的租金损失，违背了合同法规定的减损规则，其请求缺乏法律依据，不应支持。

知识链接

《中华人民共和国民法典》第五百九十一条 当事人一方违约后，对方应当采取适当措施防止损失的扩大；没有采取适当措施致使损失扩大的，不得就扩大的损失请求赔偿。

笔记区

当事人因防止损失扩大而支出的合理费用,由违约方负担。

最高人民法院《关于适用〈中华人民共和国民法典〉合同编通则若干问题的解释》第六十三条第一款 在认定民法典第五百八十四条规定的“违约一方订立合同时预见到或者应当预见到的因违约可能造成的损失”时,人民法院应当根据当事人订立合同的目的,综合考虑合同主体、合同内容、交易类型、交易习惯、磋商过程等因素,按照与违约方处于相同或者类似情况的民事主体在订立合同时预见到或者应当预见到的损失予以确定。

纠纷解决技巧

合同违约后的非违约方的减损义务是基于法律规定而产生的,它是一种强制性的法定义务,而不是任意性的义务。在减损规则适用中,守约方对损害的发生并没有过错,只是因为在损害发生后,守约方的作为或不作为,无论其出于故意或过失,如果导致损害结果扩大,守约方应当对其未履行减损义务所造成的那部分损害负责。因此,实务中,只要守约方有造成损失扩大的事由发生,就存在减损规则的法律适用问题。

24. 一方当事人违约时，对方当事人应不应该采取措施防止损失扩大？

试题

笔记区

一方当事人违约时，因对方当事人未采取措施防止损失扩大，扩大的损失部分由（　　）。[1]

A. 违约方承担

B. 守约方承担

C. 违约方和守约方共同承担

D. 第三人承担

---

① 答案：B。

笔记区

25. 债权人能向因第三人原因导致违约的债务人主张违约责任吗?

案例

胡某与甲公司在2021年10月17日签订租赁合同,约定甲公司将镇市场的某商铺租赁给胡某使用;租赁期限为3年,自2021年12月1日至2024年11月30日,市场于2021年12月1日正式营业。合同签订后,甲公司将涉案商铺交付给胡某使用。2022年2月,乙公司在甲公司租赁市场张贴解除租赁合同通知书,内容为因甲公司未按约定于2021年12月1日开业,通知解除甲公司与乙公司之前签订的市场场地租赁合同,并要求甲公司于15日内将承租市场场地清空并交还乙公司。2022年3月16日,乙公司开始对涉案市场进行装修,封闭了市场位于北侧的正门,楼宇外围已安装脚手架。胡某以涉案商铺已无法正常经营为由,要求解除与甲公司签订的租赁合同。甲公司表示,因乙公司的装修行为导致其与胡某的租赁合同无法继续履行,并同意解除该合同,但主张损失是由乙公司的装修行为导致,应由乙公司承担赔偿责任。

笔记区

法律分析

因第三人原因造成的违约,是指合同当事人一方违反合同义务是由于合同当事人以外的第三人造成的情形。合同是基于双方当事人的法律关系,合同的效力仅及于合同当事人。当事人一方因第三人的原因造成违约的,应当由违约方向合同相对方承担违约责任。违约方和第三人之间的纠纷,依照法律规定或合同约定另行解决。在本案中,胡某与甲公司签订的商铺租赁合同是双方当事人的真实意思表示,不违反法律、行政法规的强制性规定,合法有效,双方当事人应当按照合同的约定履行各自的义务。现商铺所在的市场,因乙公司进行装修而无法正常经营,出租人甲公司未按照约定在租赁期间保持租赁房屋符合约定的用途,故胡某有权向甲公司主张解除合同。关于甲公司主张损失是由乙公司的装修行为导致,应由乙公司承担赔偿责任的问题,我国对违约责任的认定采取无过错归责原则,甲公司虽因合同之外的第三人乙公司的原因违约,但必须按照商铺租赁合同的约定对胡某承担违约责任。在承担违约责任后,甲公司自身的损失可依据其与乙公司之间的合同向乙公司另行主张。

笔记区

知识链接

《中华人民共和国民法典》第五百九十三条 当事人一方因第三人的原因造成违约的，应当依法向对方承担违约责任。当事人一方和第三人之间的纠纷，依照法律规定或者按照约定处理。

纠纷解决技巧

合同具有相对性，合同关系只能发生在合同当事人之间，除法律另有规定或当事人另有约定外，只有合同当事人才能享有合同所规定的权利，并承担合同所规定的义务。同时，合同的违约责任只能在合同关系的当事人之间发生，合同关系以外的人，不承担违约责任。

试题

债务人因第三人原因导致违约，相应的违约责任由（　　）。[①]

A. 债权人承担

B. 债务人承担

C. 第三人承担

D. 债务人和第三人共同承担

① 答案：B。

笔记区

26. 试用买卖合同约定的条件未成就时,使用费该由谁支付?

案例

某村村民张某自制竹制品,为拓展销路,于2021年5月向邻村某水果种植大户李某提供装水果用的竹筐50个试用,报价单载明单价为每个45元,备注栏明确“此报价为最终报价,按此价格签订合同后,之前所送50个竹筐不计任何费用,如合同未签订,50个竹筐按80元结算”。试用期满,李某并未与张某签订买卖合同,李某以手机短信形式向张某确认了约定试用期每个竹筐80元的事实。2022年,张某诉请李某支付试用品使用费4000元。

法律分析

试用买卖合同属于特种买卖合同,是指当事人双方约定于合同成立时,出卖人将标的物交付买受人试验或者检验,并以买受人在约定期限内对标的物的认可为生效要件的买卖合同。因此,只要买受人在试用期限届满之前明确表示不购买标的物,那么双方的买卖合同不生效。依据《中华人民共和国民法典》的规定,对于试用期标的物的使用费,首先看合同有没有约定,有约定按约定,如约定缴纳

笔记区

使用费，应当缴纳，约定不缴纳，就无须缴纳。如果合同对使用费没有约定或约定不明确的，应当不缴纳使用费。这是因为，在试用期限内买受人对试用标的物的使用就是试用，其间的试用是为了评估是否购买，而不是购买。因此，没有约定使用费就不需要支付是比较合理的。在本案中，张某与李某之间所形成的试用买卖合同关系是双方当事人真实意思表示，且未违反法律、行政法规禁止性规定，合法有效。张某提供的报价单备注栏中明确试用期免费试用承诺是附条件的，即免费试用条件是签订正式买卖合同，因试用期满后双方业务关系终止，并没有订立书面合同，因此免费试用条件并未成就，应根据合同约定支付使用费。

知识链接

《中华人民共和国民法典》第六百三十九条 试用买卖的当事人对标的物使用费没有约定或者约定不明确的，出卖人无权请求买受人支付。

纠纷解决技巧

试用买卖合同约定了免费试用条件是签订正式买卖合同，试用期满后双方业务关系终止、免费试用条件未成就的，试用人应支付使用费。另外，试用买卖合同在试用期限内，买受人应作出对试用买卖合同标的物是否认可的

笔记区

意思表示。试用人对标的物购买与否享有选择权。法律对试用人意思表达的方式没有特定的要求,既可以是口头的,也可以是书面的。但在以下情况下,即使试用人没有表示想要购买的意思,法律上也将会认定其具有购买的意思:一是试用期限届满,买受人对标的物既不表示购买,也不表示拒绝购买,视为同意购买。如果买受人在试用期限届满后仍保持沉默,那么需要履行付款义务。二是试用人对试用买卖的标的物支付了部分价款,对标的物实施出卖、出租、设立担保物权等行为,视为同意购买。因此,无论试用人明示同意购买标的物还是默示视为同意购买,买卖合同都已生效,双方当事人应按约定履行合同。

试题

试用买卖的当事人对标的物使用费没有约定或者约定不明确的,当试用买卖合同约定的条件未成就时,使用费由(　　)。①

A. 出卖人支付

B. 买受人支付

C. 出卖人和买受人平均分担

D. 出卖人和买受人按比例分担

---

① 答案:A。

笔记区

27. 出卖人在买受人未依约付款而取回出卖物时,取回费用该由谁负担?

案例

某村村民张某与邻县李某在2021年签订农用车买卖合同,约定张某出售自己的农用车给李某,所有权自李某付清价款时转移;如李某未履行支付价款义务,则标的物属张某所有。李某预付2万元后,收到价值20万元的农用车。2022年,因李某未依约付余款18万余元,张某依买卖合同中所有权保留条款诉请确认其对车辆享有所有权,并要求取回车辆,同时要求李某偿付车辆折价损失、取回费用等。

法律分析

所有权保留,是指在移转财产所有权的商品交易中,根据法律的规定或者当事人的约定,财产所有人移转标的物的占有于对方当事人,但仍保留其对该财产的所有权,待对方当事人支付部分或全部价款,或完成特定条件时,该财产的所有权才发生移转的一种法律制度。《中华人民共和国民法典》第641条明确规定了所有权保留买卖合同制度。在本案中,张某与李某签订的买卖合同,约定的标

笔记区

的物所有权转移条款，即合同标的物所有权自李某付清价款时转移，李某未履行支付价款义务的，标的物属张某所有，符合法律规定，合法有效。在标的物所有权转移前，买受人未按约定支付价款，对出卖人造成损害，出卖人有权主张取回标的物；取回的标的物价值显著减少，出卖人有权要求买受人赔偿损失。另外，取回费用作为一项必然发生且可评估的损失，张某有权在取回设备时要求李某一并偿付，并可要求将相应取回费用从张某应返还李某的价款中扣除。

知识链接

《中华人民共和国民法典》第六百四十二条 当事人约定出卖人保留合同标的物的所有权，在标的物所有权转移前，买受人有下列情形之一，造成出卖人损害的，除当事人另有约定外，出卖人有权取回标的物：

（一）未按照约定支付价款，经催告后在合理期限内仍未支付；

（二）未按照约定完成特定条件；

（三）将标的物出卖、出质或者作出其他不当处分。

出卖人可以与买受人协商取回标的物；协商不成的，可以参照适用担保物权的实现程序。

笔记区

最高人民法院《关于适用〈中华人民共和国民法典〉有关担保制度的解释》第六十四条 在所有权保留买卖中，出卖人依法有权取回标的物，但是与买受人协商不成，当事人请求参照民事诉讼法"实现担保物权案件"的有关规定，拍卖、变卖标的物的，人民法院应予准许。

出卖人请求取回标的物，符合民法典第六百四十二条规定的，人民法院应予支持；买受人以抗辩或者反诉的方式主张拍卖、变卖标的物，并在扣除买受人未支付的价款以及必要费用后返还剩余款项的，人民法院应当一并处理。

纠纷解决技巧

现实生活中的许多买卖合同中，经常会有"在买方支付全部货款之前，货物的所有权仍然属于卖方"这样的条款。这就是所有权保留条款。所有权保留条款的作用是利用物权优先于债权的法律原理，使卖方的利益处于更可靠的地位，从而使交易过程中的风险降低到最小限度。也就是说，设立所有权保留制度的目的在于确保出卖人对于买受人支付价款债权的实现，维护出卖人的利益，使其与他人交易的风险降至最低限度。因为，依所有权保留制度，当买受人未能按约定的期限和金额支付价款时，出卖人有权按约定取回已经交付给买受人的标的物；另外，遇到买方已转卖货物时，当有第三方依据合同主张货物权利时，卖方可以依据所有权优先要求买方返还货物；当买受人被依法宣告破产时，出卖人有权取回保留所有权的标的物，而不是作为普通债权处理。在买受人未依约支付价款时，由于所有权保留标的物取回费用等必然发生且可评估损失，出卖人有权在取回时要求买受人一并偿付，并可要求将相应取回费用从出卖人应返还买受人的价款中扣除。

笔记区

试题

出卖人在买受人未依约付款而取回出卖物时，取回费用该由（　　）。①

A. 出卖人负担

B. 买受人负担

C. 出卖人和买受人按比例分担

D. 出卖人和买受人平均分担

① 答案：B。

笔记区

28. 在购房合同解除而出卖人未退房款时,买受人能继续占有房屋吗?

案例

2020年,法院生效判决判令解除王某与甲公司所签订的商品房买卖合同,王某将已交付的房屋返还给甲公司,甲公司将相应的购房款返还给王某。由于甲公司一直没有返还购房款,所以王某拒绝腾房。2022年3月,甲公司将涉案房屋卖给周某,并协助周某办理了房屋产权证。2022年4月,周某诉请王某腾房。王某以甲公司未返还购房款拒绝腾房。

法律分析

在本案中,生效判决解除了王某与甲公司之间的房屋买卖合同关系,王某对涉案房屋既不享有所有权,也无基于买卖合同关系的合同债权,因此负有腾退涉案房屋的义务;但是,王某履行腾房义务需与开发公司对生效判决的履行同时进行。在甲公司未向王某履行生效判决所确定的关于购房款的返还义务时,即无法确定王某应履行腾房义务的到期日,继而不能认定王某已对涉案房屋构成无权占有。所以,周某虽系涉案房屋登记产权人,但其要求王某腾退涉案房屋尚不具备条件，法院难以支持其相关诉讼请求。

笔记区

知识链接

《中华人民共和国民法典》第五百六十六条　合同解除后，尚未履行的，终止履行；已经履行的，根据履行情况和合同性质，当事人可以请求恢复原状或者采取其他补救措施，并有权请求赔偿损失。

合同因违约解除的，解除权人可以请求违约方承担违约责任，但是当事人另有约定的除外。

主合同解除后，担保人对债务人应当承担的民事责任仍应当承担担保责任，但是担保合同另有约定的除外。

纠纷解决技巧

购房合同解除，卖方未退款，买受人占有房屋合法。购房合同解除后，在出卖方未履行返还购房款义务情况下，买受人不返还房屋的抗辩权可向购买该房屋的新的产权人行使。

笔记区

试题

在购房合同解除而出卖人未退房款时,买受人(　　)继续占有房屋。①

A. 可以

B. 不可以

C. 不确定

D. 以上都不对

① 答案:A。

笔记区

▶ 29. 房屋租赁合同无效时，怎样判断双方当事人的责任？

案例

承租人甲公司与出租人乙在2021年3月29日就涉案厂房签订租赁合同，租赁期自2021年5月1日至2026年4月30日，年租金23万元。该厂房未办理合法的规划审批手续，系无证建筑。合同签订后，甲公司如期装修并进行生产经营。后涉案厂房列入动迁范围，甲公司因拆迁无法继续经营，认为搬迁期间不应承担租金。乙诉请法院请求甲公司支付租金，甲公司提出反诉，要求乙承担装修补偿等费用。

法律分析

合同只有在当事人具有相应的行为能力，意思表示真实，不违反法律、行政法规的强制性规定或者不违背公序良俗时才有效，违反则属于无效合同。依据《中华人民共和国民法典》第157条的规定，民事法律行为无效、被撤销或确定不发生效力后，行为人因该行为取得的财产，应当予以返还；不能返还或者没有必要返还的，应当折价补偿。有过错的一方应当赔偿对方由此所受到的损失；各方都有

笔记区

过错的，应当各自承担相应的责任。在本案中，由于涉案争议的租赁房屋是无证建筑，合同双方就该违法租赁标的物签订的租赁合同应属无效。乙将无证建筑出租给甲公司，对于合同无效的后果负有主要责任；甲公司在签订合同时，未尽合理审查义务，应承担次要责任。房屋租赁合同无效，当事人请求参照合同约定的租金标准支付房屋占有使用费的，法院一般予以支持。对于甲公司请求乙赔偿其装修损失的请求，应综合考虑双方对合同无效的过错程度、对甲公司造成的实际损失以及双方对合同的实际履行情况等酌情确定。

知识链接

《中华人民共和国民法典》

第一百五十七条 民事法律行为无效、被撤销或者确定不发生效力后，行为人因该行为取得的财产，应当予以返还；不能返还或者没有必要返还的，应当折价补偿。有过错的一方应当赔偿对方由此所受到的损失；各方都有过错的，应当各自承担相应的责任。法律另有规定的，依照其规定。

第七百零八条 出租人应当按照约定将租赁物交付承租人，并在租赁期限内保持租赁物符合约定的用途。

笔记区

《中华人民共和国城乡规划法》第四十条第一款 在城市、镇规划区内进行建筑物、构筑物、道路、管线和其他工程建设的,建设单位或者个人应当向城市、县人民政府城乡规划主管部门或者省、自治区、直辖市人民政府确定的镇人民政府申请办理建设工程规划许可证。

最高人民法院《关于适用〈中华人民共和国民法典〉合同编通则若干问题的解释》第二十四条 合同不成立、无效、被撤销或者确定不发生效力,当事人请求返还财产,经审查财产能够返还的,人民法院应当根据案件具体情况,单独或者合并适用返还占有的标的物、更正登记簿册记载等方式;经审查财产不能返还或者没有必要返还的,人民法院应当以认定合同不成立、无效、被撤销或者确定不发生效力之日该财产的市场价值或者以其他合理方式计算的价值为基准判决折价补偿。

除前款规定的情形外,当事人还请求赔偿损失的,人民法院应当结合财产返还或者折价补偿的情况,综合考虑财产增值收益和贬值损失、交易成本的支出等事实,按照双方当事人的过错程度及原因力大小,根据诚信原则和公平原则,合理确定损失赔偿额。

合同不成立、无效、被撤销或者确定不发生效力,当事人的行为涉嫌违法且未经处理,可能导致一方或者双方通

笔记区

过违法行为获得不当利益的,人民法院应当向有关行政管理部门提出司法建议。当事人的行为涉嫌犯罪的,应当将案件线索移送刑事侦查机关;属于刑事自诉案件的,应当告知当事人可以向有管辖权的人民法院另行提起诉讼。

最高人民法院《关于审理城镇房屋租赁合同纠纷案件具体应用法律若干问题的解释》第二条 出租人就未取得建设工程规划许可证或者未按照建设工程规划许可证的规定建设的房屋,与承租人订立的租赁合同无效。但在一审法庭辩论终结前取得建设工程规划许可证或者经主管部门批准建设的,人民法院应当认定有效。

纠纷解决技巧

房屋租赁在现代生活中十分常见,对于房屋租赁合同有无效力的认定上,存在比较复杂的情况。根据我国法律规定,存在以下几种情况:

第一,出租人就未取得建设工程规划许可证或者未按照建设工程规划许可证的规定建设的房屋,与承租人订立的租赁合同无效。但在一审法庭辩论终结前取得建设工程规划许可证或者经主管部门批准建设的,人民法院应当认定有效。

笔记区

第二，出租人就未经批准或者未按照批准内容建设的临时建筑，与承租人订立的租赁合同无效。但在一审法庭辩论终结前经主管部门批准建设的，人民法院应当认定有效。

第三，租赁期限超过临时建筑的使用期限，超过部分无效。但在一审法庭辩论终结前经主管部门批准延长使用期限的，人民法院应当认定延长使用期限内的租赁期间有效。

当房屋租赁合同被确认无效时，承租人应腾退房屋，将租赁房屋恢复到签订合同之前的状态，承租人还负责将租赁期间添附物拆除或与出租方协商抵扣租金等。另外，造成合同无效的过错方还应当赔偿对方因此所受的损失；双方都有过错的，应当各自承担相应的责任。

试题

下列关于房屋租赁合同无效时法律效果的表述错误的是(　　)。[1]

A. 有过错的一方应赔偿无过错方的损失

---

① 答案：D。

笔记区

B. 承租人应当返还房屋

C. 出租人应当返还租金

D. 出租人可以向对方主张违约责任

笔记区

▶ 30. 因自然原因断电导致用电人损失的，供电人承担责任吗？

案例

某村村民张某经营养鸡场。养鸡场正在用电孵化小鸡。2020年3月22日，养鸡场所在地突然刮大风，将供电公司电线杆刮断，导致养鸡场突然断电，由于温度没有跟上，该批鸡蛋全部报废。后经查实，供电公司的电线杆年久失修，被风刮倒后，张某及时向供电公司告知情况并请求维修，但供电公司迟迟未予修理，直到3月24日才将供电设备修好。张某遂请求供电公司赔偿其遭受的损失。

法律分析

根据《中华人民共和国民法典》第653条的规定，供电人没有按照国家规定及时抢修供电设备应承担的损害赔偿责任，需要满足的条件是：第一，必须有自然灾害等原因引起断电的客观事实存在。出现自然灾害等原因并没有引起断电，供电人不承担《中华人民共和国民法典》所规定的赔偿责任。第二，必须造成经济损失，且经济损失属于用电人。如果是用电人以外的损失，则不属于《中华人民共和国民法典》所规定的损失赔偿范围。第三，损失必须

笔记区

是由断电所引起，如果不是由断电所引起，供电人不承担《中华人民共和国民法典》所规定的赔偿责任。第四，损失必须是由于供电人没有依照国家规定及时抢修所引起，如果不属于这一种情况，则供电人不承担《中华人民共和国民法典》所规定的赔偿责任。在本案中，因为大风导致供电设备故障并断电的，供电公司依据《中华人民共和国民法典》规定应及时抢修，但供电公司在接到张某请求后迟迟不予抢修，使张某正在孵化中的鸡蛋因为断电而未能正常孵化，遭受了财产损失，因此供电公司应赔偿未及时抢修而导致的养鸡场扩大部分的损失。

知识链接

《中华人民共和国民法典》第六百五十三条　因自然灾害等原因断电，供电人应当按照国家有关规定及时抢修；未及时抢修，造成用电人损失的，应当承担赔偿责任。

纠纷解决技巧

因为自然灾害等断电的，供电人是否应承担损失赔偿责任的核心在于其是否履行了及时抢修的义务。也就是说，如果因自然原因造成断电，供电人立即组织了抢修，及时恢复了通电，用电人是无法向供电部门主张赔偿的。但如果供电人不作为，导致断电时间增长，由此扩大的损失，用电人可以向供电人主张赔偿。

试题

笔记区

因为自然原因断电的，供电人没有及时抢修，（　　）。[1]

A. 用电人有权就断电遭受的全部损失向供电人主张赔偿

B. 用电人有权就供电人未及时抢修导致的损失扩大部分主张赔偿

C. 用电人就其遭受的损失应自己承担而不能向供电人主张赔偿

D. 用电人与供电人共同承担未及时抢修导致的损失扩大部分责任

① 答案：B。

笔记区

31. 供电人因供电设施检修而断电的，用电人因此遭受的损失由谁承担？

案例

成某经营一家小卖部，出售雪糕、冰激凌等食品。为成某小卖部提供电力的供电公司在2021年8月27日因为要检修供电设施而采取了断电措施。但是，由于供电公司的过错而没有提前通知成某，导致成某未作相应准备而使其冰柜中储藏的雪糕等食品解冻融化，成某因此遭受损失4万余元。成某向供电公司主张赔偿损失。

法律分析

供用电合同是一种持续供给合同，供电人在发电、供电系统正常的情况下，应当连续向用电人供电，不得中断；否则，应当承担违约责任。这是供电人连续供电的义务。但在某些法定情形下，供电人可以中断供电。根据《中华人民共和国民法典》第652条和《中华人民共和国电力法》第29条的规定，这些情形主要包括计划检修、临时检修、依法限电、用电人违法用电等。其中，为了保障安全、及时供电，供电人应加强对供电设施的检修。而《中华人民共和国民法典》第652条对“供电设施检修”未加法定限制条件，因此，不管是

笔记区

计划检修还是临时检修，只要依照规定事先通知了用电人，供电人都可以根据需要中断供电。如果供电人没有事先通知用电人中断供电，造成用电人损失的，应当承担赔偿责任。在本案中，供电公司在检修供电设施前未依法通知用电人成某，导致成某因断电而遭受损失，依法应当承担赔偿责任。

知识链接

《中华人民共和国民法典》第六百五十二条 供电人因供电设施计划检修、临时检修、依法限电或者用电人违法用电等原因，需要中断供电时，应当按照国家有关规定事先通知用电人；未事先通知用电人中断供电，造成用电人损失的，应当承担赔偿责任。

《中华人民共和国电力法》第二十九条 供电企业在发电、供电系统正常的情况下，应当连续向用户供电，不得中断。因供电设施检修、依法限电或者用户违法用电等原因，需要中断供电时，供电企业应当按照国家有关规定事先通知用户。

用户对供电企业中断供电有异议的，可以向电力管理部门投诉；受理投诉的电力管理部门应当依法处理。

纠纷解决技巧

因供电设施计划检修停电，供电人应当提前 7 天通知用户或者进行公告；因供电设施临时检修停电，供电人应当提前 24 小时通知重要用户；因发电供电系统发生故障

笔记区

需要停电、限电时，供电人应当按照事先确定的限电序位进行停电或者限电。限电序位应事前公告用户。引起停电或者限电的原因消除后，供电人应当尽快恢复供电。如果因供电设施检修、依法限电或者用户违法用电等原因中断供电，供电人没有按照国家有关规定事先通知用户，如遇到计划检修时，没有提前7天通知用户或者进行公告，依法限电时没有按照事先确定的限电序位进行限电，因此给用电人造成损失的，应当承担损害赔偿责任。

试题

在下列情形中，供电人中断供电导致用电人损失的，用电人可以向供电人主张赔偿的是（　　）。[①]

A. 供电人因供电设施计划检修需要中断供电且事先通知用电人

B. 供电人因供电设施临时检修需要中断供电且事先通知用电人

C. 供电人因用电人违法用电需要中断供电且事先通知用电人

D. 供电人因依法限电需要中断供电但没有事先通知用电人

① 答案：D。

笔记区

▶ 32. 供电人可以不事先通知未及时交纳电费的用电人而直接断电吗?

案例

某村村民王某与供电公司签订供电合同,约定供电公司于2016年12月1日开始向王某提供供电服务。从2020年11月至2021年11月王某没有按约支付电费。在王某逾期支付电费期间,供电公司多次催告无果,遂于2021年12月1日在提前通知王某的前提下中止供电。此次断电导致王某经营的民宿不能正常经营,王某遂向供电公司主张赔偿损失,供电公司提出反诉,要求王某支付电费和违约金。

法律分析

支付电费是用电人的主要义务,用电人应按照国家有关规定和合同的约定及时支付电费。用电人逾期不支付电费的,应承担迟延支付的违约责任。如果双方就迟延支付电费约定了违约金,则用电人应当支付违约金。但是,供电人不能因用电人逾期不支付电费而直接断电。因为依据《中华人民共和国民法典》的规定,当用电人逾期不支付电费时,只有经催告用电人在合理期限内仍不支付电费

笔记区

和违约金的，供电人才可以在事先通知用电人的前提下按照国家规定的程序中止供电。在本案中，王某违反供电合同约定逾期支付电费，应承担违约责任；而供电公司在中止供电之前依据法律规定履行了催告和事先通知义务，对于王某因中止供电导致的损失无须承担责任。因此，法院支持了供电公司主张的支付电费并赔偿违约金的请求。

知识链接

《中华人民共和国民法典》第六百五十四条 用电人应当按照国家有关规定和当事人的约定及时支付电费。用电人逾期不支付电费的，应当按照约定支付违约金。经催告用电人在合理期限内仍不支付电费和违约金的，供电人可以按照国家规定的程序中止供电。

供电人依据前款规定中止供电的，应当事先通知用电人。

纠纷解决技巧

供电营业规则规定，用户在供电企业规定的期限内未交清电费时，应承担电费滞纳的违约责任。电费违约金从逾期之日起计算至交纳日止。每日电费违约金按下列规定计算：

（1）居民用户：每日按欠费总额的1‰计算。

（2）其他用户：当年欠费部分，每日按欠费总额的2‰

计算;跨年度欠费部分,每日按欠费总额的3‰计算。

笔记区

(3)如果供用电双方没有约定违约金,用电人逾期交付电费的,应当支付电费的逾期利息。

试题

用电人逾期支付电费的,供电人可以(　　)。[1]

A. 不经催告而直接中止供电

B. 经过催告后直接中止供电

C. 经过催告且事先通知用电人后中止供电

D. 以上答案都不对

---

① 答案:C。

笔记区

33. 恋爱期间赠与对方的财物在恋爱关系破裂后能请求返还吗？

案例

成某与田某于2019年11月建立恋爱关系，2021年3月双方解除恋爱关系。在恋爱期间，成某自2019年11月4日至2021年1月31日通过微信及QQ转账方式多次给田某转账共计52,438元。成某以赠与附结婚条件而双方并未结婚，赠与条件未成就为由，要求田某返还赠与的52,438元。

法律分析

赠与合同是赠与人将自己的财产无偿给予受赠人，受赠人表示接受赠与的合同。赠与人在赠与财产的权利转移之前可以撤销赠与，经过公证的赠与合同或者依法不得撤销的具有救灾、扶贫、助残等公益、道德义务性质的赠与合同，不得撤销。赠与财产的权利一旦转移，除非发生法律规定的事由，否则不得撤销。在本案中，成某在恋爱期间赠与田某财物，双方系赠与合同纠纷，争议焦点为赠与合同的性质是一般赠与还是附条件赠与。成某主张对田某的赠与是以双方结婚为条件的赠与，但其提供的证据中

笔记区

并未有赠与款项系附结婚条件的内容,双方并未订婚,也未有谈婚论嫁的证据,结合成某与田某相恋期间,成某分99次不等数额(其中多次为100元、200元、300元,几次为1000元、2000元)赠与田某款项,款项的用途为帮助田某解决生活困难,赠与款项的数额及形式与本地以结婚为目的给付彩礼款的婚俗形式,包括给付数额及给付方式存在明显区别。因此,成某对田某的赠与系恋爱期间基于双方相处情况及对田某给予生活上的帮助而进行的赠与,系一般赠与,并非附结婚条件的赠与,现赠与合同已经履行完毕,故成某不得要求田某返还赠与款项。

知识链接

《中华人民共和国民法典》

第一百五十八条 民事法律行为可以附条件,但是根据其性质不得附条件的除外。附生效条件的民事法律行为,自条件成就时生效。附解除条件的民事法律行为,自条件成就时失效。

第六百五十八条 赠与人在赠与财产的权利转移之前可以撤销赠与。

经过公证的赠与合同或者依法不得撤销的具有救灾、扶贫、助残等公益、道德义务性质的赠与合同,不适用前款规定。

笔记区

纠纷解决技巧

在谈恋爱期间，涉及转账的时候可以在红包或者转账的备注中注明该款项的用途，避免日后发生争议时无据可依。而以结婚为目的的大额红包转账，根据最高人民法院《关于适用〈中华人民共和国民法典〉婚姻家庭编的解释（一）》第5条的规定，则有可能被认定为彩礼，可以主张返还。

试题

恋爱期间赠与对方的财物在恋爱关系破裂后（　　）。[1]

A. 能请求全部返还

B. 不能请求返还

C. 可以请求部分返还

D. 能否请求返还应区分情况处理

① 答案：D。

笔记区

34. 父母生前所作赠与，继承人能撤销吗？

案例

韩某与宋某是夫妻关系，韩某海、韩某江、韩某河是二人的子女。2018年，韩某、宋某与小儿子韩某河签订赠与协议，约定由于韩某河对二人照顾较多，二人同意在生前将位于某处的房产赠与韩某河。赠与协议签订后，韩某河考虑父母健在，为顾及二老感受，未及时要求将房屋过户。后来，韩某与宋某相继去世。2022年，韩某河要求韩某海、韩某江履行赠与协议，配合其到房屋管理部门办理过户手续，但韩某海、韩某江主张二人并不清楚赠与协议的情况，并表示房屋是父母的遗产，三兄弟都有权继承，不同意将房屋过户到韩某河名下。于是，韩某河将韩某海、韩某江起诉到法院，要求他们履行赠与合同配合办理房屋过户手续。

法律分析

在一般情形下，赠与人在赠与财产的权利转移之前可以撤销赠与。如果被继承人生前签订赠与合同，约定将财产赠与受赠人，死亡时尚未履行的，受赠人有权请求继承人履行赠与合同，但继承人同时也有权按照《中华人民共

笔记区

和国民法典》第658条规定撤销该赠与合同。因为在被继承人死亡后，继承人概括继承了被继承人的财产性权利和义务，对被继承人生前签订但尚未履行的赠与合同而言，继承人既继承了赠与人配合受赠人过户的义务，也继承了赠与人在一定条件下撤销赠与的权利。在本案中，由于韩某与宋某在世时未办理房产过户登记，且双方签订的赠与合同并未办理公证，因此韩某与宋某去世后，在韩某海、韩某江行使撤销权的情况下，韩某河就无权要求其他继承人继续履行赠与合同。

知识链接

《中华人民共和国民法典》

第六百五十八条　赠与人在赠与财产的权利转移之前可以撤销赠与。

经过公证的赠与合同或者依法不得撤销的具有救灾、扶贫、助残等公益、道德义务性质的赠与合同，不适用前款规定。

第六百五十九条　赠与的财产依法需要办理登记或者其他手续的，应当办理有关手续。

纠纷解决技巧

由于赠与合同具有无偿的特性，法律赋予了赠与人在赠与财产权利转移前的任意撤销权，但同时也规定了经过

笔记区

公证的赠与合同不能任意撤销。因此，为确保房产赠与合同的有效履行，在签订赠与合同后，具备过户登记条件的应及时办理；暂时不具备过户登记条件的，可以先行办理公证手续。另外，实践中还经常遇到，年迈父母将房产赠与一个子女，其他子女以父母在签订赠与合同时不具备民事行为能力、赠与房屋不是父母真实的意思为由提出异议。为避免产生此类纠纷，在签订赠与合同时，可以注意留存视频、病历资料等能够证明赠与人真实意思表示的证据。

试题

父母生前所作赠与，继承人（　　）。[1]

A. 应当撤销

B. 应当履行赠与义务

C. 可以撤销

D. 应当承认

---

① 答案：C。

笔记区

35. 民间借贷案件中，出借人仅有转账凭证的怎样处理？

案例

李甲的银行交易明细记载：2021年4月4日，由周某汇入8万元；2021年4月8日，汇出2万元至李乙（李甲女儿），资金用途为“家用”。除此之外，上述期间，李甲的上述账号无其他资金往来。周某起诉李甲要求归还8万元借款及利息。李甲抗辩与周某之间不存在借贷，8万元系周某委托李甲理财的款项。

法律分析

自然人之间借贷合同的成立与生效包括两个要素：一是出借人和借款人形成了借贷合意，即以书面或口头等形式表现出的民间借贷合同，证明双方就借贷事项达成一致意见；二是出借人支付了款项，完成了出借款项的义务。这两个要素须同时具备，缺一不可。如果出借人仅提供转账凭证证明钱款交付事实，但无法证明双方存在借贷合意，且借款人抗辩相关转账系偿还双方之前借款或其他债务时，应适用最高人民法院《关于审理民间借贷案件适用法律若干问题的规定》第16条的规定，通过以下步骤解决：首先，出借人提交相关转账凭证证明钱款交付事实，对借贷合意进行初步举证。转账凭证可以推定当事人之间存在借贷合意，因此当事人提供相关转账凭证后即完成了对借贷合意的初步举证。其次，在出借人提交转账凭证后，借款人抗辩转账是偿还之前借款或其他债务的，应对此承担举证责任。出借人提供的转账凭证仅能推定双方存在借贷合意，该推定可以被其他有效证据推翻。而借款人的举证只需动摇法官对出借人所主张事实达成的内心确信即可。因此，在借款人的举证使出借人关于借贷关系或者借贷合意存在的主张陷入真伪不明的状态后，应由出借人承担举证责任。在本案中，李甲对其抗辩的 8 万元系委托理财而非借贷的主张承担举证责任。李甲可以提供书面委托协议、理财相关的账户信息或者微信、短信等聊天记录来证明双方存在委托理财关系。但在本案中，李甲无法提供相关证据，因此可以结合其他证据最终认定双方存在借贷关系。

知识链接

《中华人民共和国民法典》第六百六十八条 借款合同应当采用书面形式，但是自然人之间借款另有约定的除外。

借款合同的内容一般包括借款种类、币种、用途、数

笔记区

额、利率、期限和还款方式等条款。

最高人民法院《关于审理民间借贷案件适用法律若干问题的规定》

第十六条 原告仅依据金融机构的转账凭证提起民间借贷诉讼，被告抗辩转账系偿还双方之前借款或者其他债务的，被告应当对其主张提供证据证明。被告提供相应证据证明其主张后，原告仍应就借贷关系的成立承担举证责任。

第十七条 依据《最高人民法院关于适用〈中华人民共和国民事诉讼法〉的解释》第一百七十四条第二款之规定，负有举证责任的原告无正当理由拒不到庭，经审查现有证据无法确认借贷行为、借贷金额、支付方式等案件主要事实的，人民法院对原告主张的事实不予认定。

纠纷解决技巧

在自然人之间的借贷关系中，双方当事人多具有亲属关系或者同事、同乡等社会关系，在借贷形式上较为简单和随意。出借人依据借据等债权凭证提起民间借贷诉讼的，如果借款人对借贷关系予以否认并以其他法律关系进行抗辩或者反诉的，借款人对此应当提供相应证据，法官审查后确认双方不存在借贷合意，且双方亦不属于通过调解、和解或者清算达成债权债务协议的情形时，法官会向原告释明变更诉讼请求。如果原告拒绝变更的，法院会驳回原告诉讼请求。如果出借人仅提供转账凭证证明钱款交付事实，但无法证明双方存在借贷合意，若不存在其他可以证明当事人之间存在借贷关系，则法院通常会拒绝支持出借人的诉讼请求。因此，为了避免此类情形出现，自然人之间发生借贷关系时，应注意明确约定且重视对相关证据的保存。

笔记区

试题

下列关于民间借贷的表述正确的是(　　)。[①]

A. 民间借贷合同的双方当事人都是自然人

B. 民间借贷合同都是无效的

C. 民间借贷合同是没有利息的

D. 民间借贷的成立与生效，必须同时具备出借人和借款人形成了借贷合意与出借人完成出借款项的义务

---

① 答案：D。

笔记区

▶ 36. 数人连带保证中，一人虚假签名影响其他保证人担保责任的承担吗？

案例

张某因修缮自家住宅向邻居田某借款60万元，妻子王某以及亲戚李某为张某的债务清偿提供连带责任保证。2022年，因张某逾期未能清偿借款，田某向法院起诉请求张某按照约定还款，同时请求李某、王某承担保证责任。王某以李某虚假签名为由诉请免除保证责任。

法律分析

保证合同是为保障债权的实现，保证人和债权人约定，当债务人不履行到期债务或者发生当事人约定的情形时，保证人履行债务或者承担责任的合同。本案从形式上看只有一个保证合同，但保证人有两名，且均对债权人的债权承担连带保证责任，实际有两个连带保证法律关系。其中一个法律关系出现瑕疵，并不影响另一个法律关系的效力。李某在保证合同上虚假签名，并不影响张某与王某之间的保证合同效力。并且，王某也并未提供证据证明其提供的保证依赖于另一保证人李某的保证，而王某所担保的张某正是其丈夫，张某的债务与王某更具利益直接相关

笔记区

性，因此王某无权主张免除保证责任。另外，李某不承担保证责任并未加重王某的保证责任。根据案涉担保合同约定，王某、李某承担的是连带保证责任，田某有权要求任何一个保证人承担保证责任。王某以其代偿还主债务后不能对李某行使追偿权为由对抗田某诉求，于法无据。

知识链接

《中华人民共和国民法典》

第六百八十一条 保证合同是为保障债权的实现，保证人和债权人约定，当债务人不履行到期债务或者发生当事人约定的情形时，保证人履行债务或者承担责任的合同。

第六百八十八条 当事人在保证合同中约定保证人和债务人对债务承担连带责任的，为连带责任保证。

连带责任保证的债务人不履行到期债务或者发生当事人约定的情形时，债权人可以请求债务人履行债务，也可以请求保证人在其保证范围内承担保证责任。

纠纷解决技巧

数人连带保证中一人虚假签名，并未加重其他保证人保证责任，故其他保证人以此为由主张免除保证责任的，不予支持。

笔记区

试题

下列关于数人连带责任保证的表述正确的是(　　)。[1]

A. 保证人应依据约定承担保证责任

B. 各保证人之间平均分担保证责任

C. 一人不承担保证责任即影响其他保证人的责任承担

D. 债权人应当首先向债务人主张承担责任，在债务人不能清偿时再向保证人主张责任

---

① 答案：A。

▶ 37. 民间借贷债务人构成非法吸收公众存款罪,影响借贷合同效力及相应的担保合同效力吗?

案例

吴某、陈某在2021年11月4日签订借款协议,约定陈某向吴某借款人民币20万元,借款期限为2021年11月4日至2022年2月3日,并由王某和李某提供连带责任担保。当日吴某履行了出借义务,陈某于当日收到吴某20万元的借款。2021年12月14日,陈某因故下落不明,2021年12月22日,陈某因涉嫌合同诈骗和非法吸收公众存款罪被公安机关立案侦查。吴某认为,陈某拖欠其他债权人款项数额较大,已无能力偿还,遂依借款协议向法院提起诉讼,要求陈某提前归还借款,王某、李某承担担保责任。王某、李某以陈某构成非法吸收存款罪,其与吴某签订的借款协议因此无效,相应的担保合同也无效为由,拒绝承担担保责任。

法律分析

在保证合同中,如果债权人与债务人恶意串通,或债权人知道或应当知道主合同债务人采取欺诈手段,使保证

笔记区

人违背真实意思提供保证的，则相应的民事法律行为无效或可撤销，保证人应当免除保证责任。在本案中，王某和李某未能提供证据证明吴某与陈某之间具有恶意串通的事实，亦未能提供证据证明吴某知道或应当知道陈某采取欺诈手段骗取王某和李某提供担保。在主合同（借款合同）有效，从合同（担保合同）本身也没有瑕疵的情况下，民间借贷中的担保合同也有效。涉嫌非法吸收公众存款的犯罪嫌疑人（或被告人、罪犯）进行民间借贷时，往往由第三者提供担保，且多为连带保证担保。债权人要求债务人提供担保人，这是降低贷款风险的一种办法。保证人同意提供担保，应当推定为充分了解行为的后果。若因债务人涉嫌非法吸收公众存款而认定借贷合同无效，根据《中华人民共和国民法典》的规定，主合同无效前提下的担保合同也应当无效，保证人可以免除担保责任，由此债权人旨在降低贷款风险的努力没有产生任何效果，造成事实上的不公。因此，对于王某和李某的抗辩理由应不予支持。

知识链接

《中华人民共和国民法典》

第一百四十九条　第三人实施欺诈行为，使一方在违背真实意思的情况下实施的民事法律行为，对方知道或者

笔记区

应当知道该欺诈行为的，受欺诈方有权请求人民法院或者仲裁机构予以撤销。

第一百五十四条 行为人与相对人恶意串通，损害他人合法权益的民事法律行为无效。

第六百八十二条 保证合同是主债权债务合同的从合同。主债权债务合同无效的，保证合同无效，但是法律另有规定的除外。

保证合同被确认无效后，债务人、保证人、债权人有过错的，应当根据其过错各自承担相应的民事责任。

最高人民法院《关于审理民间借贷案件适用法律若干问题的规定》第十二条 借款人或者出借人的借贷行为涉嫌犯罪，或者已经生效的裁判认定构成犯罪，当事人提起民事诉讼的，民间借贷合同并不当然无效。人民法院应当依据民法典第一百四十四条、第一百四十六条、第一百五十三条、第一百五十四条以及本规定第十三条之规定，认定民间借贷合同的效力。

担保人以借款人或者出借人的借贷行为涉嫌犯罪或者已经生效的裁判认定构成犯罪为由，主张不承担民事责任的，人民法院应当依据民间借贷合同与担保合同的效力、当事人的过错程度，依法确定担保人的民事责任。

笔记区

纠纷解决技巧

从维护诚信原则和公平原则的角度看，将与非法吸收公众存款罪交叉的民间借贷合同认定为无效会造成实质意义上的不公，造成担保人以无效为由抗辩其担保责任，即把自己的担保错误作为自己不承担责任的抗辩理由，更不利于保护不知情的债权人，维护诚信、公平也无从体现。因此，民间借贷债务人构成非法吸收公众存款罪可能被追究刑事责任的，并不当然影响民间借贷合同效力以及相应的担保合同效力，保证人仍然应承担保证责任。

试题

民间借贷债务人构成非法吸收公众存款罪，借贷合同效力及相应的担保合同效力(　　)。①

A. 应为无效

B. 应为效力待定

C. 应为可撤销

D. 并不必然受影响

---

① 答案：D。

笔记区

38. 在房屋租赁期间，承租人可以将房屋转租吗?

案例

王某承租赵某的房屋，承租期间欲对外转租。曹某经人介绍认识王某，双方商定转让费等事宜后，在未签订租赁合同的情况下，曹某便投入资金装修房屋。装修过程中，赵某不同意转租双方议定的租金数额，提出须提高租金才能签合同。曹某虽然停止装修但已支出数万元装修费。为此，曹某起诉王某等要求赔偿装修损失等费用。

法律分析

房屋转租合同，是指房屋承租人将承租的房屋部分或者全部租赁给第三人，由第三人向承租人支付租金的合同。房屋转租合同以房屋租赁合同为基础，在转租法律关系中，房屋租赁合同的出租人和承租人仍分别称为出租人和承租人，与承租人建立租赁关系的第三人称为次承租人。依据《中华人民共和国民法典》规定，承租人经出租人同意，可以将租赁物转租给第三人。承租人转租的，承租人与出租人之间的租赁合同继续有效。承租人未经出租人同意转租的，出租人可以解除合同。在本案中，承租人

笔记区

王某与次承租人曹某之间未签订房屋转租合同，由于出租人赵某不同意，使次承租人曹某不能依据合同约定占有使用房屋并遭受装修费用的损失，因此承租人王某应承担相应的赔偿责任。

知识链接

《中华人民共和国民法典》第七百一十六条 承租人经出租人同意，可以将租赁物转租给第三人。承租人转租的，承租人与出租人之间的租赁合同继续有效；第三人造成租赁物损失的，承租人应当赔偿损失。

承租人未经出租人同意转租的，出租人可以解除合同。

纠纷解决技巧

房屋租赁实践中，转租行为一旦发生纠纷，必然涉及租赁合同、转租合同两个法律关系，以及出租人、承租人、次承租人三方权利与义务的平衡与保护。对次承租人来说，为防范法律风险，应高度注意两个问题：一是要确认承租人是否有对外转租的权限。如果没有，则需要经过出租人同意。因为法律对此有明确规定。二是要与承租人签订书面的转租合同，明确权利、义务及违约责任，因为从承租人处转租本身就存在一定风险，如果再没有书面转租合同风险就更大。

38. 在房屋租赁期间,承租人可以将房屋转租吗?

试题

笔记区

在房屋租赁期间,承租人(　　)。[①]

A. 未经出租人同意不能将房屋转租

B. 可以随时解除合同

C. 将房屋转租的行为必然有效

D. 将房屋转租的行为必然无效

① 答案:A。

笔记区

39. 在租赁期间届满前，承租人能解除合同吗？

案例

张某作为承租人与出租人李某签订房屋租赁合同，约定：承租人提前退租，应提前30日书面通知出租人，结清各项费用后，按月租金的200%支付违约金。在房屋租赁期间，张某欲解除合同，便通过微信向李某提出。但因支付违约金等事宜双方未达成一致意见，张某即直接搬离租住房屋，未办理交接手续，也未交还钥匙。后张某向法院提起诉讼，请求法院确认搬离房屋时租赁合同解除，并要求李某退还相应费用数千元。

法律分析

合同解除，是指合同当事人一方或者双方依照法律规定或者当事人的约定，依法解除合同效力的行为。合同一旦签订生效，除非满足约定解除或法定解除条件而解除合同，否则合同双方当事人即应依据合同约定履行义务。对于房屋租赁合同而言，除可以适用的一般解除规定外，《中华人民共和国民法典》还规定了特别的解除规则，即当存在下列情形之一，非因承租人原因致使租赁物无法使用的，承租人可以解除合同：一是租赁物被司法机关或者行

笔记区

政机关依法查封、扣押；二是租赁物权属有争议；三是租赁物具有违反法律、行政法规关于使用条件的强制性规定情形。在本案中，张某与李某签订的房屋租赁合同合法有效，双方应当按照合同约定履行义务。在房屋租赁期间，并未发生使张某可以解除合同的法定或约定事由，张某无权解除合同，应依据合同约定承担违约责任。

知识链接

《中华人民共和国民法典》

第七百二十一条　承租人应当按照约定的期限支付租金。对支付租金的期限没有约定或者约定不明确，依据本法第五百一十条的规定仍不能确定，租赁期限不满一年的，应当在租赁期限届满时支付；租赁期限一年以上的，应当在每届满一年时支付，剩余期限不满一年的，应当在租赁期限届满时支付。

第七百二十二条　承租人无正当理由未支付或者迟延支付租金的，出租人可以请求承租人在合理期限内支付；承租人逾期不支付的，出租人可以解除合同。

第七百二十四条　有下列情形之一，非因承租人原因致使租赁物无法使用的，承租人可以解除合同：

（一）租赁物被司法机关或者行政机关依法查封、扣押；

笔记区

（二）租赁物权属有争议；

（三）租赁物具有违反法律、行政法规关于使用条件的强制性规定情形。

纠纷解决技巧

承租人无正当理由提前解除租赁合同、搬离租赁房屋的，构成违约，应当承担相应的违约责任。同时，承租人负有及时与出租人妥善办理房屋交接手续，及时将租赁房屋交还出租人的义务，尤其要避免一走了之，从而使租赁房屋处于空置状态，造成不必要的损失。在通常情况下，承租人提前搬离租赁房屋的，一般以承租人将租赁房屋妥善交接给出租人之日作为租赁合同实际解除的时间。对出租人来说，如果承租人已实际提前搬离了租赁房屋并请求出租人接收房屋的，出租人享有依合同约定或法律规定追究承租人违约责任的权利。因此，为防止合同僵局出现和房屋空置损失扩大，出租人应及时配合承租人交接房屋，否则出租人拒不配合或故意拖延接收房屋，也会面临房屋空置损失扩大的责任。

试题

笔记区

非因承租人原因致使租赁物无法使用，承租人可以解除合同的情形不包括(　　)。[①]

A. 租赁物被司法机关或者行政机关依法查封、扣押

B. 租赁物权属有争议

C. 出租人对于租赁物没有处分权

D. 租赁物具有违反法律、行政法规关于使用条件的强制性规定情形

① 答案:C。

笔记区

40. 在承租人违约时，出租人能主张继续履行合同吗？

案例

出租人刘某将其名下房屋出租给承租人牟某使用，双方签订租赁合同，约定房屋租赁期12个月。刘某依约将房屋交付牟某，牟某按照合同约定交纳了租金及押金。合同履行约4个月后，牟某以工作地点变动无法继续履行合同为由申请解除合同，刘某不同意解除合同。后牟某搬离涉案房屋，告知了刘某，并要求返还剩余租金及押金，刘某坚持合同应当继续履行完毕，拒不返还租金和押金。

法律分析

继续履行，是指合同当事人一方不履行合同义务或履行合同义务不符合约定时，经另一方当事人的请求，法律强制其按照合同约定继续履行合同的义务。依据《中华人民共和国民法典》规定，当事人一方不履行非金钱债务或者履行非金钱债务不符合约定的，对方可以请求履行，但是有下列情形之一的除外：一是法律上或者事实上不能履行；二是债务的标的不适于强制履行或者履行费用过高；三是债权人在合理期限内未请求履行。在本案中，承租人牟某在合同履行期限内，因自身原因要求解除合同，违反了双方的约定，构成违约，应当承担违约责任。同时，因为房屋租赁合同本身的特性，要求承租人继续租赁使用房屋无异于限制其人身自由，显然不适于继续履行，所以对于出租人继续履行的请求不应支持。

知识链接

《中华人民共和国民法典》第五百八十条　当事人一方不履行非金钱债务或者履行非金钱债务不符合约定的，对方可以请求履行，但是有下列情形之一的除外：

（一）法律上或者事实上不能履行；

（二）债务的标的不适于强制履行或者履行费用过高；

（三）债权人在合理期限内未请求履行。

有前款规定的除外情形之一，致使不能实现合同目的的，人民法院或者仲裁机构可以根据当事人的请求终止合同权利义务关系，但是不影响违约责任的承担。

纠纷解决技巧

实践中，经常会出现一方违约时，守约方认为只要其不同意解除合同，合同就应当继续履行的误区。但是，并非所有的合同都适宜强制继续履行，如租赁合同，在承租人确无意继续履行的情况下，强制其继续租赁使用房屋可能造成房屋的闲置、经营成本或生活成本不必要的扩大等

笔记区

物的浪费或损失的产生,因此,通常不适宜强制继续履行。对此,可由违约方以承担违约责任为代价,获得合同的解除。同时,按照法律规定,当事人一方违约后,对方应采取适当措施防止损失的扩大;没有采取适当措施致使损失扩大的,不得就扩大的损失要求赔偿。本案中,出租人在承租人明确告知解除合同并以实际行为表示不履行合同,且出租人也明确知道房屋处于空置状态的情况下,应采取适当措施防止损失扩大,放任房屋空置而扩大的损失不应由承租人负担。

试题

在承租人违约时,出租人可以主张的请求权不包括(　　)。[1]

A. 继续履行

B. 赔偿损失

C. 返还房屋

D. 解除合同

---

① 答案:A。

笔记区

41. 拟长期租赁的合同，怎样避免对方当事人临时变卦？

案例

张某与常某签订房屋租赁合同，约定将房屋出租给常某使用，合同约定租赁期限为 2 年，并同意承租人对外转租。合同还约定了租金数额、违约责任等条款。合同履行中，张某在合同到期前 6 个月，通知常某到期后将不再续租，要求常某搬离涉案房屋。常某不同意，称双方实际商谈的租期是6 年，但因张某要求分期签约才 2 年一签；常某已对房屋进行了大规模的装修，并且常某已与案外人签订长期租赁合同，如果合同按 2 年期计，期满腾让房屋，不仅其装修投入无法回本，还会导致其对很多次承租人的违约赔偿。

法律分析

租赁期限6 个月以上的，应采用书面形式。当事人未采用书面形式，无法确定租赁期限的，视为不定期租赁。不定期租赁，当事人可以随时解除合同，但是应当在合理期限之前通知对方。因此，拟长期租赁的合同，当事人应当采用书面形式并明确约定租赁期限。在本案中，涉案房

笔记区

屋租赁合同约定合同期限为2年十分明确,该履行期限届满后,出租人不同意继续出租房屋,法院无法强制双方续约,因此,双方租赁关系只能终止。常某虽然抗辩实际租赁期限应为6年,但并没有任何证据加以证明,因此,只能根据双方之间的书面合同认定租赁合同履行完毕,常某须搬离涉案房屋。

知识链接

《中华人民共和国民法典》

第七百零五条 租赁期限不得超过二十年。超过二十年的,超过部分无效。

租赁期限届满,当事人可以续订租赁合同;但是,约定的租赁期限自续订之日起不得超过二十年。

第七百零七条 租赁期限六个月以上的,应当采用书面形式。当事人未采用书面形式,无法确定租赁期限的,视为不定期租赁。

第七百三十条 当事人对租赁期限没有约定或者约定不明确,依据本法第五百一十条的规定仍不能确定的,视为不定期租赁;当事人可以随时解除合同,但是应当在合理期限之前通知对方。

纠纷解决技巧

本案中,承租人对涉案的房屋进行了装修与投入,但租赁合同期限非常明确为2年,在出租人坚持不再续租的情况下,依法只能判决承租人在合同履行完毕后腾让场地,承租人装修投入的损失很大。虽然次承租人可以继续与出租人商议,但是依然为承租人带来巨大风险。所以,在签订长期租赁合同时,一定注意对租赁期限进行明确约定,避免遭受大的损失。

笔记区

试题

下列关于租赁合同的表述正确的是(　　)。[①]

A. 租赁合同的租赁期限可以是40年

B. 当事人可以随时解除不定期租赁合同

C. 租赁合同应当采取书面形式

D. 租赁合同未采取书面形式的视为无效

① 答案:B。

笔记区

42. 租赁的房屋漏水谁担责?

案例

林某将房屋出租给鞠某居住,双方签订的房屋租赁合同约定,鞠某居住期间,水、电、煤气、电器等设施如使用不当出现损坏或火灾由鞠某承担责任,但如房屋结构出现漏水、漏雨等其他问题,则由出租人林某负责修缮。在鞠某租住期间,某天凌晨,房屋厨房水管断裂漏水,致使楼下住户董某家中被水淹,对出租人林某的房屋也造成损害。林某赔偿了董某15万元后,向法院起诉鞠某要求赔偿,认为鞠某的行为同时给其房屋造成经济损失3万元,鞠某共计应该赔偿18万元。双方当事人对涉案房屋水管断裂漏水的原因产生争议,林某认为是鞠某使用不善所致,鞠某则称系水管年久失修所致。

法律分析

合同生效后,双方当事人应当按照合同约定全面履行义务。在房屋租赁合同中,依据《中华人民共和国民法典》规定,承租人未按照约定的方法或没有根据租赁物的性质使用租赁物,致使租赁物受到损失的,出租人可以解除合同并请求赔偿损失。在本案中,鞠某否认水管断裂漏水的

笔记区

原因与其有关,根据“谁主张,谁举证”的原则,林某应当就其主张的“鞠某使用不善所致”提供证据予以证明。林某没有证据证明系鞠某使用不当导致水管断裂漏水,因此应由其自己承担水管断裂漏水导致的损失。

知识链接

《中华人民共和国民法典》

第五百零九条　当事人应当按照约定全面履行自己的义务。

当事人应当遵循诚信原则,根据合同的性质、目的和交易习惯履行通知、协助、保密等义务。

当事人在履行合同过程中,应当避免浪费资源、污染环境和破坏生态。

第七百一十一条　承租人未按照约定的方法或者未根据租赁物的性质使用租赁物,致使租赁物受到损失的,出租人可以解除合同并请求赔偿损失。

第七百一十二条　出租人应当履行租赁物的维修义务,但是当事人另有约定的除外。

纠纷解决技巧

房屋租赁合同中,经常出现房屋漏水等导致的损害赔偿问题,对于因此导致的损失究竟应当由承租人还是出租人承担,其实主要取决于两个方面:一是合同约定内容。

笔记区

为避免嗣后可能出现的纠纷，当事人双方应当明确约定何种情况下的损失由谁承担，并按照约定全面履行自己的义务。如本案中，林某与鞠某在房屋租赁合同中即明确约定，“如房屋结构出现漏水、漏雨等其他问题由出租人林某负责修缮”“水、电、煤气、电器等设施如使用不当出现损坏或火灾由鞠某承担责任”等，这种约定有助于迅速解决纠纷。二是证明责任问题。民法上的证明责任在法律无特别规定时，通常是“谁主张，谁举证”。本案中，林某主张鞠某使用不当，但林某并未提交证据证明，而鞠某提交了自来水公司员工赵某出具的现场鉴定报告单，证实涉案房屋水管管道年久失修存在老化问题。涉案房屋漏水发生在凌晨，正是一般人休息熟睡的时间，林某主张漏水系鞠某使用不当造成也与常理不符。因此，林某对自己提出的诉讼请求未能提供相关证据证明，故其应当承担举证不能的法律后果。显然，正确运用证据是保护自己合法权益不受侵害的重要途径。

试题

笔记区

租赁房屋漏水导致的损失由(　　)。①

A. 出租人承担全部责任

B. 承租人承担全部责任

C. 当事人约定承担责任

D. 出租人和承租人平均分担

① 答案:C。

笔记区

43. 承租人能以房屋轻微漏水为由拒交租金吗?

案例

出租人张某与承租人匡某签订租赁合同,约定租赁房屋租期5年,免租期1年,另对租金计算方式及支付方式等进行了约定。张某起诉称,匡某使用涉案房屋3年一直未交租金,多次催交,仍不交租金,所以请求解除合同,要求匡某交纳欠付租金并承担违约责任。匡某抗辩称,涉案房屋漏水,导致其不能使用,是张某违约在先,张某应承担违约责任,匡某未交租金是行使其先履行抗辩权。

法律分析

在房屋租赁合同关系中,提供适租的房屋是出租人的主要合同义务,而交纳租金则是承租人的主要合同义务。在出租人如约交付了房屋、承租人长期正常使用的情形下,以房屋存在轻微问题为由拒交租金,是构成违约的行为。当然,根据合同约定或法律规定,出租人也负有维修房屋等义务。在本案中,出租人张某具有维修房屋的义务,但在出现漏水的情况下,承租人应积极告知出租人漏水的情况并通知其维修。如果出租人没有及时维修,承租

笔记区

人也可先行维修,由出租人承担维修费用。如果出租人未及时维修的后果足以影响房屋正常使用,足以影响承租人租赁合同的目的不能实现,则承租人可以提出解除合同。但承租人既使用租赁房屋又以此拒绝交纳租金,缺乏事实和法律依据,应承担相应的违约责任。

知识链接

《中华人民共和国民法典》

第七百零八条 出租人应当按照约定将租赁物交付承租人,并在租赁期限内保持租赁物符合约定的用途。

第七百一十二条 出租人应当履行租赁物的维修义务,但是当事人另有约定的除外。

第七百一十三条 承租人在租赁物需要维修时可以请求出租人在合理期限内维修。出租人未履行维修义务的,承租人可以自行维修,维修费用由出租人负担。因维修租赁物影响承租人使用的,应当相应减少租金或者延长租期。

因承租人的过错致使租赁物需要维修的,出租人不承担前款规定的维修义务。

第七百二十一条 承租人应当按照约定的期限支付租金。对支付租金的期限没有约定或者约定不明确,依据本法第五百一十条的规定仍不能确定,租赁期限不满一年

笔记区

的，应当在租赁期限届满时支付；租赁期限一年以上的，应当在每届满一年时支付，剩余期限不满一年的，应当在租赁期限届满时支付。

纠纷解决技巧

出租人依约将涉案房屋交付承租人，承租人应依约履行交纳租金的义务，不能因房屋存在轻微问题而拒付租金；否则，构成违约，应承担违约责任。双方合同明确约定，承租人迟延交纳租金，出租人催交后仍不交纳的，出租人可以解除合同。另外，在租赁合同履行期间，经常会出现房屋漏水等问题，建议双方在合同中对房屋维修等义务明确约定，避免出现分歧。

试题

租赁房屋轻微漏水，承租人可以(　　)。[①]

A. 拒交租金

B. 请求承租人修缮

C. 解除合同

D. 撤销合同

① 答案：B。

笔记区

44. 承租人提前解除合同时，怎样确定出租人的损失？

案例

曲某与陈某在2020年3月6日签订房屋租赁协议，约定陈某将一套房屋出租给曲某，年租金30,000元，租期自2020年4月2日至2022年4月1日，如承租人提出终止协议，需提前2个月书面通知出租人。2020年8月22日，曲某通知陈某不再租赁房屋，双方于2020年10月15日进行房屋交接。2020年12月19日，陈某将房屋另行出租给他人。后双方因退租后剩余租金返还问题发生争议。曲某诉至法院，请求判令陈某返还其租金13,315元。陈某主张，其于2020年3月5日就将涉案房屋钥匙交给曲某，提前交付钥匙的一个月租金不应退还；且当时3万元/年的租金系因曲某要求长租给予的优惠，因此拒绝返还租金。

法律分析

当事人应慎重签订合同，并就各方的权利义务作出全面的约定，防止因遗漏相关事项发生争议。在本案中，双方对承租人提前解除合同后的租金的处理问题未予约定，

笔记区

故而发生争议。房屋租赁合同的目的,就出租人而言是取得房屋租金。承租人在租赁期间届满前解除合同,如自合同解除日以后的租金全部返还承租人,必然给出租人造成租金损失。毕竟出租人另行出租房屋需要时间及其他成本投入,承租人不应无视出租人的损失。现双方就终止协议后的租金的处理未作约定,应参照出租人的实际损失处理,因此陈某应退还已另行出租房屋之后的租金。

知识链接

《中华人民共和国民法典》

第五百零九条第一款 当事人应当按照约定全面履行自己的义务。

第五百八十四条 当事人一方不履行合同义务或者履行合同义务不符合约定,造成对方损失的,损失赔偿额应当相当于因违约所造成的损失,包括合同履行后可以获得的利益;但是,不得超过违约一方订立合同时预见到或者应当预见到的因违约可能造成的损失。

最高人民法院《关于适用〈中华人民共和国民法典〉合同编通则若干问题的解释》第六十一条 在以持续履行的债务为内容的定期合同中,一方不履行支付价款、租金等金钱债务,对方请求解除合同,人民法院经审理认为合同

笔记区

应当依法解除的，可以根据当事人的主张，参考合同主体、交易类型、市场价格变化、剩余履行期限等因素确定非违约方寻找替代交易的合理期限，并按照该期限对应的价款、租金等扣除非违约方应当支付的相应履约成本确定合同履行后可以获得的利益。

非违约方主张按照合同解除后剩余履行期限相应的价款、租金等扣除履约成本确定合同履行后可以获得的利益的，人民法院不予支持。但是，剩余履行期限少于寻找替代交易的合理期限的除外。

纠纷解决技巧

如果合同中有免租期或者实际履行中有免租期，也应在合同中进行约定或记录交付房屋的时间。对因长期租赁而对房屋租金进行优惠的情况，也应在合同中写明。这样，在提前解除合同计算实际损失时，则有相应证据予以证明；否则，对出租人而言，给予的优惠条件在合同提前解除后将无法得到弥补。

笔记区

试题

承租人提前解除合同时,出租人的损失(　　)。[1]

A. 应由承租人承担

B. 应给予适当补偿

C. 部分由出租人自己承担

D. 应由承租人和出租人分担

① 答案:A。

笔记区

▶ 45. 承揽合同履行过程中,因定作人解除合同导致承揽人的损失谁来负责?

案例

叶某要打制一套红木家具,遂与邻村李某经营的家具厂在2019年5月12日签订了一份家具承揽合同。该合同就家具厂按叶某要求进行设计、制造、运输家具及合同价款等作了明确约定。合同签订后,叶某依约定向家具厂支付了30万元预付款,家具厂遂开始进行前期设计,但一直未能依约向叶某交付前期设计成果。因双方签订的协议约定,双方可以为优化合作进行设计调整,当时正值国内红木家具市场行情发生变化,故叶某多次提出与家具厂商榷合同变更事宜,但均遭家具厂拒绝。2020年11月7日,叶某再次提出与家具厂协商合同变更事宜,并提出了明确的变更意见。家具厂称,已经开始制作家具并拒绝变更合同,同时提出全部扣留叶某的预付款。2021年5月8日,叶某再次告知李某,邀约家具厂尽快与其协商合同变更事宜,家具厂继续拒绝变更合同并要求叶某补偿其损失。现叶某请求解除合同并要求家具厂赔偿损失。

笔记区

法律分析

加工承揽合同,是指承揽方按照定作方的要求完成一定工作,并将工作成果交付定作方,定作方接受工作成果并支付约定报酬的协议。根据《中华人民共和国民法典》的规定,在承揽合同中,定作人有权随时变更以及解除承揽合同。但是,因定作人变更或解除合同给承揽人造成损失的,应当进行赔偿。在本案中,案涉合同系加工承揽合同,家具厂应当严格按照叶某的定作指示完成承揽任务,并且合同双方已就家具厂的承揽义务作出阶段性的约定,付款条件也是按照家具厂完成承揽义务的情况和阶段而约定的。家具厂虽已完成初步设计,但在未经叶某确认的情况下,擅自后续的制造活动,违反合同约定和合同目的,由此遭受的损失应由家具厂自行承担。家具厂据此不同意变更合同并扣留叶某预付款的行为没有法律依据,侵害了叶某的合法权益,因此家具厂应退还部分预付款。

知识链接

《中华人民共和国民法典》

第七百七十条 承揽合同是承揽人按照定作人的要求完成工作,交付工作成果,定作人支付报酬的合同。

承揽包括加工、定作、修理、复制、测试、检验等工作。

第七百八十七条 定作人在承揽人完成工作前可以

随时解除合同，造成承揽人损失的，应当赔偿损失。

笔记区

纠纷解决技巧

承揽合同中，定作人享有任意变更或解除权，这是承揽合同的特殊性决定的。承揽合同约定的定作物一般都是特定或具有特殊要求的，基于合同的相对性以及民法中鼓励交易的原则，合同法赋予了定作人任意变更甚至解除合同的权利，这有利于定作人结合自己的商业需求，实时调整定作物或解除定作。当然，为保护承揽人的利益，以及防止定作人的权力滥用甚至恶意行使权利，合同法也对定作人进行了相应的限制，即因定作人变更或解除合同给承揽人造成损失的，应当进行赔偿。

试题

下列关于承揽合同的表述正确的是（　　）。[①]

A. 承揽合同履行中，定作人享有任意解除权

B. 承揽合同履行中，承揽人享有任意解除权

C. 定作人解除合同导致承揽人的损失由承揽人自担

D. 承揽合同是实践性合同

① 答案：A。

笔记区

46. 违法建设工程的承包人能主张建筑工程价款优先受偿权吗?

案例

王某准备自建住宅,其在未依法申请并取得施工许可证的情况下,于2020年4月25日与甲劳务公司签订建筑工程施工承包合同,将其住宅建设的施工发包给甲劳务公司。甲劳务公司无建筑施工企业资质,且知道王某未对该自建住宅依法进行报建。施工合同签订后,甲劳务公司依约进场施工。2021年7月24日,王某与甲劳务公司签订施工结算单,双方确认王某尚欠甲劳务公司工程款614,787元。工程结算后,王某未按期支付甲劳务公司剩余工程款。双方起纷争诉至法院。

法律分析

建设工程价款优先受偿权,是指承包人对于建设工程的价款就该工程折价或者拍卖的价款享有优先受偿的权利,优先于一般的债权获得清偿。在本案中,涉案工程施工因违反规划法、建筑法和工程质量条例的有关规定,实为违法建筑。依据《中华人民共和国民法典》的规定,建设工程承包人虽就建设工程享有工程款优先权,但按照建设

笔记区

工程的性质不宜折价、拍卖的除外。涉案工程为违法建筑，甲劳务公司明知自己无建筑施工企业资质，且明知涉案工程未依法进行报建并取得施工许可证，仍然违法施工，无法保证工程质量，严重违反了工程质量条例、规划法和建筑法的有关规定，施工合同和施工行为均无效。违法建筑不能依法取得相应物权，也不能由当事人自由处分。因此，甲劳务公司不得就涉案工程享有工程款优先受偿权。

知识链接

《中华人民共和国民法典》

第七百八十八条 建设工程合同是承包人进行工程建设，发包人支付价款的合同。

建设工程合同包括工程勘察、设计、施工合同。

第八百零七条 发包人未按照约定支付价款的，承包人可以催告发包人在合理期限内支付价款。发包人逾期不支付的，除根据建设工程的性质不宜折价、拍卖外，承包人可以与发包人协议将该工程折价，也可以请求人民法院将该工程依法拍卖。建设工程的价款就该工程折价或者拍卖的价款优先受偿。

纠纷解决技巧

建设工程价款的优先受偿权是保护承包人债权实现的重要措施。实践中，承包人行使该项权利时应注意，发

笔记区

包人未按合同约定按期支付价款的,承包人可向其发出催告,催促其履行支付义务。经过催告,在合理期限内仍然没有支付的,对于符合折价或者拍卖性质的工程,承包方可以与发包方协商折价,或申请法院将其进行拍卖,从而实现自己的优先受偿权。根据最高人民法院的相关批复,建设工程价款优先受偿部分包括为完成工程所支出的材料费及承包人为完成工程聘请的工作人员的工作报酬,不包括发包人的违约行为给承包人造成的损失及违约金。

试题

下列关于建设工程价款的优先受偿权的表述错误的是(　　)。[①]

A. 违法建设工程承包人不能主张建筑工程价款优先受偿权

B. 建设工程价款优先受偿权与一般债权的清偿顺序相同

C. 建设工程价款优先受偿部分包括为完成工程所支出的材料费及承包人为完成工程聘请的工作人员的工作报酬

D. 建设工程价款优先受偿部分不包括发包人的违约行为给承包人造成的损失及违约金

---

① 答案:B。

笔记区

▶ 47. 承运人雇用的司机导致承运合同义务违反的损失谁来承担?

案例

甲公司与乙公司均系从事货运运输的企业。甲公司于2021年7月8日将一批农产品委托乙公司运送至某地,该货物由乙公司派出工作人员张某开车提走。后在未到目的地时发生交通事故,导致该批农产品大部分受损。接收方拒绝接收该农产品,甲公司依据自己与托运人之间的合同赔偿损失共计88,128元。赔偿托运人后,甲公司认为乙公司违反了双方的运输协议,要求乙公司承担该笔损失,乙公司推诿拒绝,遂诉至法院。

法律分析

工作人员从事职务行为时,其所为行为的法律后果由公司承受,导致的损害由公司承担责任。公司工作人员在履行职务行为时,违反合同约定导致合同相对人财产损失的,相对人有权向工作人员所在公司主张违约责任;如果违约行为同时符合侵权责任构成要件的,相对人也可以选择请求违约方承担侵权责任。在本案中,甲公司与乙公司签订的运输合同合法有效,双方应按约定履行义务。乙公

笔记区

司工作人员张某未能将农产品安全运输到目的地，导致收货方拒绝接收农产品，给甲公司造成经济损失88,128元，乙公司应当承担违约责任。乙公司对甲公司请求赔偿数额有异议，但未向法庭提供有效证据。故对甲公司要求乙公司赔偿88,128元的诉讼请求予以支持。

知识链接

《中华人民共和国民法典》

第一百八十六条 因当事人一方的违约行为，损害对方人身权益、财产权益的，受损害方有权选择请求其承担违约责任或者侵权责任。

第一千一百九十一条 用人单位的工作人员因执行工作任务造成他人损害的，由用人单位承担侵权责任。用人单位承担侵权责任后，可以向有故意或者重大过失的工作人员追偿。

劳务派遣期间，被派遣的工作人员因执行工作任务造成他人损害的，由接受劳务派遣的用工单位承担侵权责任；劳务派遣单位有过错的，承担相应的责任。

纠纷解决技巧

工作人员从事职务行为导致的法律责任由用人单位承担，但工作人员因故意或者重大过失导致用人单位损失的，用人单位可以依据约定或法律规定向该工作人员追

笔记区

偿。工作人员因故意或重大过失给公司造成损失的情形，主要包括其在劳动合同履行过程中因职务行为导致企业损失，如没有按照岗位职责履行自己的义务，有未尽职责的严重过失行为或者利用职务之便谋取私利的故意行为，使用人单位有形财产、无形财产遭受重大损害的情形。

试题

承运人雇用的司机导致承运合同义务违反的损失（　　）。①

A. 由承运人承担

B. 由司机承担

C. 由承运人和司机共同承担

D. 由承运人和托运人分担

---

① 答案：A。

笔记区

▶ 48. 承运人能以托运货物致其在运输过程中遭受罚款为由留置货物吗?

案例

甲公司在2021年8月16日委托乙公司运输32箱调料至某镇,并支付运费2000元;乙公司出具货运单一份,送货方式为自提。2021年8月18日,某县交通运输局运输管理站稽查到装载有上述调料的货车,道路运输证核定的经营范围是道路普通货物运输,实际该车运输的货物中夹带有香精,为第3类危险品,属超越许可的事项从事道路货物运输经营的行为,遂依据相关规定,决定给予该货车所属的汽车运输公司责令改正、罚款15,000元的行政处罚。同日,乙公司支付罚款15,000元。该货车到达某镇后,乙公司以甲公司托运的货物致其受到处罚为由,要求甲公司支付罚款15,000元后方能将32箱调料提走。双方就此事未能达成一致,甲公司遂于2022年1月7日诉至法院,要求判令乙公司承担赔偿责任。

法律分析

托运人或者收货人不支付运费、保管费以及其他运输费用的,承运人对相应的运输货物享有留置权,但当事人

笔记区

另有约定的除外。在本案中,乙公司将甲公司委托运输的货物运送至目的地后,以其在运输过程中遭受罚款为由留置甲公司的货物,不符合承运人享有留置权的法定情形,乙公司的该留置行为致甲公司遭受损失,应承担相应的赔偿责任。

知识链接

《中华人民共和国民法典》第八百三十六条 托运人或者收货人不支付运费、保管费或者其他费用的,承运人对相应的运输货物享有留置权,但是当事人另有约定的除外。

纠纷解决技巧

货运合同,是指承运人将托运人交付的货物运至约定的地点交付给托运人或者收货人,由托运人或者收货人支付运费及其他有关费用的合同。只有货运合同的承运人在托运人或收货人不支付运费或者其他费用时,对相应的运输货物有留置权。其中,《中华人民共和国民法典》第836条规定的"运费、保管费或者其他费用"中的其他费用,主要是指合同履行过程中所产生的与合同履行相关的费用,包括过桥费、过路费及其他途中由承运人垫付的必要费用,并不包括因承运人自身原因导致的货物在运输过程中遭受的罚款等所产生的费用。

笔记区

试题

承运人可以留置货物的情形,不包括(　　)。[1]

A. 托运人不支付运费

B. 收货人不支付保管费

C. 托运人不支付承运人在运输过程中遭受的罚款

D. 托运人不支付过路费

① 答案:C。

笔记区

▶ 49. 双方交换使用车辆后，一方对丢失的车辆承担赔偿责任吗？

案例

吕某与徐某私交较好，吕某和徐某各有一辆小货车。2021年2月15日中午，吕某在徐某家吃过饭后，要到市场运输货物。因吕某的车噪声较大，双方决定交换车辆，由吕某驾驶徐某的小货车，吕某将自己的小货车及车钥匙交给徐某。当天下午6点，徐某开着吕某的小货车并将该车停放在自家附近自己经常停车的公路上。第二天上午10点左右，徐某告知吕某，吕某的车被盗，徐某已于当日向公安局报案。公安局接警后，对吕某、徐某及相关证人进行询问，并立案侦查，此案至今未破。吕某与徐某因赔偿一事发生纠纷，吕某诉请法院判决徐某赔偿其损失。

法律分析

保管合同，是指保管人保管寄存人交付的保管物并返还该物的合同。在保管期间，因为保管人保管不善造成保管物损毁、灭失的，保管人应当承担损害赔偿责任，但如果保管是无偿的，则保管人只要证明自己没有重大过失，就不承担损害赔偿责任。在本案中，在吕某开走徐某的车辆

笔记区

后，双方形成的是借用关系。但在徐某也使用了吕某的车辆后，双方的关系形成了事实上的保管合同关系。双方互换车辆并进行保管的关系是在吕某的车辆出了故障，请求使用徐某的车辆的基础上形成的。徐某既然同意与吕某互换车辆，就应妥善保管吕某的车辆。徐某在开完吕某的车辆后，将吕某的车辆放在无人管理的经常停车地点过夜存放，显属管理不当，应承担该车丢失 50% 的责任。吕某曾丢失过一把车钥匙，却未将此情况告知徐某，且引起该车丢失的原因是吕某的车坏后借用徐某的车而引起的，故吕某也应承担 50% 的责任。

知识链接

《中华人民共和国民法典》

第八百九十二条第一款　保管人应当妥善保管保管物。

第八百九十三条　寄存人交付的保管物有瑕疵或者根据保管物的性质需要采取特殊保管措施的，寄存人应当将有关情况告知保管人。寄存人未告知，致使保管物受损失的，保管人不承担赔偿责任；保管人因此受损失的，除保管人知道或者应当知道且未采取补救措施外，寄存人应当承担赔偿责任。

第八百九十七条　保管期内，因保管人保管不善造成保管物毁损、灭失的,保管人应当承担赔偿责任。但是,无偿保管人证明自己没有故意或者重大过失的,不承担赔偿责任。

笔记区

纠纷解决技巧

法律是根据利益关系来确定保管人义务及责任程度的,对于无偿保管采用较轻的注意义务标准。虽然保管合同是无偿的,但并不等于保管人不负赔偿责任。相对于有偿保管而言,无偿保管所负的注意义务要轻。如果是有偿保管,保管人应尽到与处理自己的事务同样的注意,无偿保管人则应担负一般人所应负的注意义务。

试题

下列关于保管合同的表述正确的是(　　)。[①]

A. 保管合同自双方达成合意时成立

B. 保管合同是无偿合同

C. 有偿保管合同所负注意义务比无偿保管合同要重

D. 有偿保管人证明自己对于保管物的损害没有故意或者重大过失的,不承担赔偿责任

① 答案:C。

笔记区

▶ 50. 怎样区分仓储合同与保管合同？

案例

陈某从事新鲜蔬菜销售。2021年4月，陈某找到先前与其合作的保鲜库储藏蒜薹。陈某与保鲜库经营者口头约定，将陈某收购的蒜薹储存在保鲜库中，陈某支付保管费用。从2021年4月25日至5月3日，陈某分批次在保鲜库储存蒜薹共计1012.772吨。2021年10月10日，开始出库销售时，陈某发现蒜薹腐烂变质，随即要求保鲜库解决，但保鲜库经营者推脱说“先处理蒜薹，随后好商量”。截至2022年1月，陈某已低价处理541.649吨蒜薹，销售金额为890,018元，平均每斤0.82元。截至2022年2月，保鲜库里剩余471.123吨蒜薹无法销售。2022年4月10日，经鉴定机构清点库存，当日仅剩275.58吨蒜薹，少了195.543吨蒜薹。陈某曾4次当场发现保鲜库经营者指使他人偷拉蒜薹，并报警，但保鲜库经营者仅承认处理了30.942吨蒜薹。保鲜库的不当行为导致陈某损失惨重，陈某起诉至法院，向保鲜库经营者主张赔偿。

笔记区

法律分析

仓储合同,是指保管人储存存货人交付的仓储物,存货人支付仓储费的合同。通常而言,仓储合同是有偿合同、诺成合同,并且对仓储人的资质有特别要求,区别于保管合同和租赁合同。在本案中,保鲜库的工商登记明确记载保鲜库的经营范围是农产品仓储服务,没有出租、保管服务。另外,保鲜库压力容器、压力管道属于涉及生命安全、危险性较大的特种设备,其安全管理工作难度较大,受应急管理部和国家市场监督管理总局检查和监控,有严格的管理制度,不允许出租。根据《冷库管理规范》的规定,冷库压缩机房操作人员,必须经过专业培训,获得合格证书,方能持证上岗操作。综上所述,保鲜库的经营必须严格依法依规进行,不得出租保鲜库。因此,陈某与保鲜库经营者之间订立的是仓储合同,而非保管合同和租赁合同。在仓储合同中,保鲜库未尽到保管义务,造成陈某的损失,应当根据履约过错程度承担赔偿责任。

知识链接

《中华人民共和国民法典》

第九百零四条　仓储合同是保管人储存存货人交付的仓储物,存货人支付仓储费的合同。

笔记区

第九百一十七条 储存期内,因保管不善造成仓储物毁损、灭失的,保管人应当承担赔偿责任。因仓储物本身的自然性质、包装不符合约定或者超过有效储存期造成仓储物变质、损坏的,保管人不承担赔偿责任。

纠纷解决技巧

由于保管合同与仓储合同都是由保管人保管物品的合同,两者的标的都是保管人的保管行为,保管人的主要义务都是妥善保管寄存(存货)人交付其保管的物品,因此,实践中二者有时较难区分。应注意以下几点:一是合同的成立条件不同。一般来说,保管合同成立,不仅须当事人双方的意思表示一致,而且必须有寄存人将保管物交付于保管人,保管人接受寄存人交付的保管物的行为。二是合同是否有偿不一样。保管合同以无偿为原则,以有偿为补充;仓储合同是有偿合同。三是对保管人的资格要求不一样。保管合同对保管人的资格没有特别的要求,一般自然人和法人均可以作为保管人;仓储合同对保管人的资格有特殊要求,保管人即仓库营业人。

试题

笔记区

下列关于仓储合同与保管合同区别的表述错误的是（　　）。[1]

A. 合同成立的条件不同

B. 合同是否有偿不同

C. 保管人的资格要求不同

D. 以上都不对

① 答案:D。

笔记区

▶ 51. 以消费者代理人的身份处理其事务构成委托关系吗？

案例

李某在农闲时间报名参加某旅游公司组织的跟团旅游活动。在旅游期间，李某经该旅游公司导游张某劝说，在2021年2月23日与该旅游公司签订权益承购合同，约定李某交费后，由某旅游公司以李某名义办理某度假俱乐部注册手续并获得度假俱乐部旗下酒店相应权益。2021年5月，李某在交纳2万余元后，向某旅游公司主张解除合同，要求某旅游公司返还其所交费用。某旅游公司拒绝，李某向法院起诉。

法律分析

委托合同也叫委任合同，指当事人约定一方委托另一方处理事务，且另一方同意的契约。委托他方处理事务的人为委托人，同意为委托人处理事务的人为受托人。根据受托人是否收取报酬，可以将委托合同分为有偿委托合同和无偿委托合同。在本案中，李某与某旅游公司签订了权益承购合同，从该合同约定的权利义务内容来看，双方订立合同的内容是李某支付一定数额的承购款，之后由某旅

笔记区

游公司在一定时间段内为李某订购旅店住宿等。因为某旅游公司并不具备提供旅店住宿服务的营业资格,所以其合同义务并非直接提供旅店住宿服务。从双方约定的合同履行的方式来看,某旅游公司收取款项后,应以李某名义办理某度假俱乐部注册手续并代缴会员费。注册成功后,李某成为某度假俱乐部会员;某旅游公司再按李某要求的时间段和指定旅店,以其名义预订旅店住宿。若预订成功,某旅游公司仍然以李某名义支付住宿费用,李某和实际提供服务的旅店成立旅店住宿服务合同关系;若预订失败,某旅游公司不承担任何后果。由此可见,在双方签订权益承购合同后,某旅游公司系以李某代理人身份,按李某指示处理事务,且某旅游公司处理上述事务的法律后果归属于李某。所以,诉争权益承购合同性质应被界定为委托合同。依据《中华人民共和国民法典》第 933 条"委托人或者受托人可以随时解除委托合同"的规定,李某要求解除合同,于法有据,应予支持。因某旅游公司尚未履行合同主要义务,合同解除后,某旅游公司收取款项应返还,但应扣除某旅游公司为履行代理事务实际发生的费用。

知识链接

《中华人民共和国民法典》

第九百一十九条 委托合同是委托人和受托人约定,

笔记区

由受托人处理委托人事务的合同。

第九百三十三条　委托人或者受托人可以随时解除委托合同。因解除合同造成对方损失的,除不可归责于该当事人的事由外,无偿委托合同的解除方应当赔偿因解除时间不当造成的直接损失,有偿委托合同的解除方应当赔偿对方的直接损失和合同履行后可以获得的利益。

第五百六十六条第一款　合同解除后,尚未履行的,终止履行;已经履行的,根据履行情况和合同性质,当事人可以请求恢复原状或者采取其他补救措施,并有权请求赔偿损失。

纠纷解决技巧

行为人以消费者代理人身份,按消费者指示处理事务,且处理事务的法律后果归属于消费者本人的,双方所签合同性质应为委托合同。另外,在实践中,常见的问题是如何认定委托合同损失赔偿责任。当事人在履行委托合同的过程中,可能造成的损害有以下几种情况:一是受托人在办理委托事务时,给第三人造成损害;二是受托人在办理委托事务时,给委托人造成损害;三是受托人在办理委托事务时,因委托人指示不当等原因,而给受托人造成损害;四是受托人为自己的利益使用委托人的财产,给委托人造成损失。此时,应当区分究竟是谁的过错导致损

笔记区

害发生。委托人的过错,即委托他人办理事务没有尽到相应的注意义务,包括委托人指示不当和对损害应当预见但因疏忽而没能预见;受托人的过错,即违反了受托人在办理委托事务时应尽的义务,受托人越权而造成委托人损失是过错的一种表现形式。一般认为,受托人的注意程度因委托合同是有偿合同还是无偿合同而不同。受托人有报酬的,处理委托事务负有善良管理人的注意义务;无偿处理委托事务的,负有与处理自己事务同样的注意义务。也就是说,在无偿委托的情况下,受托人对损失的发生具有重大过失时才负赔偿责任;而在有偿委托的情况下,受托人具有一般过失,就应当负赔偿责任。

试题

下列关于委托合同的表述错误的是(　　)。①

A. 受托人的注意程度因委托合同是有偿合同还是无偿合同而不同

B. 受托人可以随时解除委托合同

C. 委托人可以随时解除委托合同

D. 受托人可以超越委托人指示处理事务

① 答案:D。

笔记区

52. 委托人跳过中介公司私下成交的，还要支付中介费吗？

案例

马某将一套二手房委托中介公司挂牌出售，并与中介公司签订了居间合同。合同约定，马某委托中介公司为其提供居间服务，并约定了房屋最低售价，委托期限自2021年9月1日起至同年11月30日止。合同约定，委托人在委托期内私下与他人成交的，视作居间合同成立，应按房屋成交价格的2.5%计收中介服务费。居间合同签订后不久，中介公司发现马某与中介公司推荐的客户王某私下成交。经交涉，马某认为，房屋是其夫妻共有财产，自己以个人名义与中介公司签订的居间合同是无效合同，并以此为由拒付中介费。多次协商无果，中介公司将马某告上法庭，要求马某按居间合同的约定支付中介费。

法律分析

中介合同，是指中介人向委托人报告订立合同的机会或者提供订立合同的媒介服务，委托人支付报酬的合同。依据《中华人民共和国民法典》的规定，委托人在接受中介人的服务后，利用中介人提供的交易机会或者媒介服务，

笔记区

绕开中介人直接订立合同的,应当向中介人支付报酬。在本案中,委托人马某与中介公司签订的中介合同合法有效,双方当事人应当按照合同约定履行义务,但马某利用中介公司推荐的机会私下成交,违反了中介合同约定,依据《中华人民共和国民法典》第 965 条的规定,应当向中介人支付合同约定的报酬。

知识链接

《中华人民共和国民法典》

第九百六十一条 中介合同是中介人向委托人报告订立合同的机会或者提供订立合同的媒介服务,委托人支付报酬的合同。

第九百六十五条 委托人在接受中介人的服务后,利用中介人提供的交易机会或者媒介服务,绕开中介人直接订立合同的,应当向中介人支付报酬。

纠纷解决技巧

居间合同的本质是基于居间服务的委托合同,委托人只要是完全民事行为能力人且以自己名义订立居间合同,一经订立即可生效。由于对委托居间的房屋没有合法的处置权而居间不成的,不影响居间合同的效力。

笔记区

试题

委托人跳过中介公司私下成交的，中介费（　　）。①

A. 应当继续全额支付

B. 可以部分支付

C. 可以不支付

D. 已经支付的应予返还

---

① 答案：A。

笔记区

53. 怎样认定合伙关系存在?

案例

姜某于2017年承包经营某砖瓦厂。陈某于2017年向姜某汇款25万元,但未参与该厂经营活动。2018年,姜某向陈某出具投资证明,证明中载明:陈某投资某砖瓦厂25万元,如果某砖瓦厂复垦拆迁,则对全额款项按拆迁比例分成。后该砖瓦厂因复垦拆迁而停产。2021年11月,姜某陆续通过某村委会领取了310余万元补偿款,其未向陈某结账还款。陈某遂主张返还投资款25万元及收益50万元。

法律分析

合伙合同是两个以上合伙人为了共同的事业目的,订立的共享利益、共担风险的协议。在本案中,虽然陈某主张其向姜某汇款25万元是基于双方之间的合伙合同而交付的,但其并没有提交相关合伙协议或举证证明双方存在合伙约定,也没有证据证明双方共同经营、管理砖瓦厂并进行过合伙分成和共担债务的事实,故应认定陈某向姜某支付的款项名为合伙经营出资实为借款。因此,姜某应向陈某返还借款,但无须支付收益。至于返还借款是否需要

笔记区

支付利息,取决于借款双方的约定,若没有约定或者约定不明,依据《中华人民共和国民法典》第 680 条第 2 款的规定,借款合同对支付利息没有约定的,视为没有利息。另外,关于返还时间,若当事人对借款期限没有约定或者约定不明确,依据《中华人民共和国民法典》第 510 条的规定仍不能确定的,借款人可以随时返还,贷款人可以催告借款人在合理期限内返还。

知识链接

《中华人民共和国民法典》

第九百六十七条 合伙合同是两个以上合伙人为了共同的事业目的,订立的共享利益、共担风险的协议。

第九百七十条 合伙人就合伙事务作出决定的,除合伙合同另有约定外,应当经全体合伙人一致同意。

合伙事务由全体合伙人共同执行。按照合伙合同的约定或者全体合伙人的决定,可以委托一个或者数个合伙人执行合伙事务;其他合伙人不再执行合伙事务,但是有权监督执行情况。

合伙人分别执行合伙事务的,执行事务合伙人可以对其他合伙人执行的事务提出异议;提出异议后,其他合伙人应当暂停该项事务的执行。

笔记区

纠纷解决技巧

合伙特别是个人合伙,大多是在亲戚、朋友之间形成的。基于人情关系的合伙本身具有高度的人合性、资合性,往往没有详细的合伙协议,没有规范的管理和财务制度,甚至可能没有任何合伙账目。此类基于相互信任的口头合伙极易产生纠纷和矛盾。为避免这一风险,个人合伙应当签订书面合伙协议,即便合伙人之间签订了名为合伙协议的书面协议后,仍须审查各方权利义务是否符合个人合伙共同出资、共同经营、共同劳动、共担风险、共负盈亏的基本特征。一方按照协议向合伙组织提供物品的使用权或资金,并以此取得固定收入,但不参加合伙经营、劳动、盈余分配,也不承担合伙经营风险责任的,不能认定为合伙人,应认定双方系民间借贷的法律关系。如合伙过程中,未签订书面合同,双方就是否为合伙关系发生纠纷时,主张双方是合伙关系的当事人负有举证责任。在无其他证据能够证明双方是合伙关系的情况下,主张双方是合伙关系的当事人至少应提供两名无利害关系的证人对双方协商合伙的过程、双方投资比例、双方如何合伙经营、如何分配利润和共担风险等具体内容进行证明,无法证明的则应承担不利后果。

笔记区

试题

下列关于合伙合同的表述错误的是（　　）。[1]

A. 合伙合同必须以书面形式签订

B. 合伙合同是两个以上合伙人为了共同的事业目的签订的协议

C. 合伙合同是合伙人订立的共享利益、共担风险的协议

D. 合伙合同可以约定合伙事务的执行

① 答案：A。

笔记区

54. 在业主委员会选聘新物业公司后，原物业公司还有权继续收物业费吗？

案例

某物业公司与某小区业主委员会在2018年4月28日签订物业服务合同，并二次续签。2021年4月26日，某物业公司在某小区公告栏发布全体业主告知书，声明物业服务合同到期后，如在2021年5月10日前未召开业主大会决定续签物业服务合同，其届时将依约退出服务。后双方未续签合同，某物业公司也未退出物业服务。双方多次协商未果后，2021年7月22日，某小区业主委员会书面告知某物业公司解聘。2021年8月2日，某小区业主委员会发布选聘新物业公司的公告。其间，因某物业公司退出小区及办理交接手续等事宜，双方发生争议。新物业服务公司于2021年12月正式入驻该小区。王某为该小区业主，因对物业服务不满意，从2018年4月29日起未交纳物业费。某物业公司将王某诉至法院，请求依法判令：王某支付拖欠的2018年4月29日至2021年11月28日的物业费。

笔记区

法律分析

物业服务合同，是指物业服务人在物业服务区域内，为业主提供建筑物及其附属设施的维修养护、环境卫生和相关秩序的管理维护等物业服务，业主支付物业费的合同。依据《中华人民共和国民法典》的规定，物业服务合同终止的，原物业服务人应在约定期限或合理期限内退出物业服务区域，将物业服务用房、相关设施、物业服务所必需的相关资料等交还给业主委员会、决定自行管理的业主或其指定的人，配合新物业服务人做好交接工作，并如实告知物业的使用和管理状况。原物业服务人违反相关规定的，不得请求业主支付物业服务合同终止后的物业费；造成业主损失的，应当赔偿。在本案中，物业服务合同到期后，某小区业主委员会虽未与新的物业服务公司签订物业服务合同，但已明确要求某物业公司退出物业服务区域，某物业公司仍然请求交纳该期间的物业费，无法律依据，不予支持。但对物业服务合同存续期间的物业费的给付，某物业公司的物业服务虽存在一定瑕疵，但基本完成了物业服务合同约定的服务事项，因此综合考虑案涉因素，对物业费应酌情调整，在原收费的基础上扣减 20% 后，由王某交纳。

54. 在业主委员会选聘新物业公司后，原物业公司还有权继续收物业费吗？

笔记区

知识链接

《中华人民共和国民法典》第九百四十九条 物业服务合同终止的，原物业服务人应当在约定期限或者合理期限内退出物业服务区域，将物业服务用房、相关设施、物业服务所必需的相关资料等交还给业主委员会、决定自行管理的业主或者其指定的人，配合新物业服务人做好交接工作，并如实告知物业的使用和管理状况。

原物业服务人违反前款规定的，不得请求业主支付物业服务合同终止后的物业费；造成业主损失的，应当赔偿损失。

纠纷解决技巧

在实践中，一些物业服务企业缺乏服务意识，存在公共设施维护、垃圾清理不及时、车辆乱停乱放、安保措施不利等问题。法律规定，在这种情况下，业主委员会有权解除、更换物业服务企业，物业服务合同期满后，业主委员会选择与新物业服务企业签订服务协议，原物业服务企业应在约定期限或者合理期限内退出物业服务区域，将物业服务用房、相关设施、相关资料等交还给业主委员会或者新的物业服务企业，配合新物业服务企业做好交接工作，并如实告知物业的使用和管理状况。如果原物业服务企业不予配合物业设施及资料的移交，拒不退出小区，其无权

笔记区

要求业主支付物业服务合同终止后的物业费;造成业主损失的,应当赔偿。

试题

在业主委员会选聘新物业公司后,关于原物业公司的权利义务表述错误的是(　　)。[①]

A. 原物业服务企业应将物业服务用房、相关设施、相关资料等交还给业主委员会或者新的物业服务企业

B. 原物业服务企业应配合新物业服务企业做好交接工作,并如实告知物业的使用和管理状况

C. 原物业服务企业应在约定期限或者合理期限内退出物业服务区域

D. 有权继续收取物业费

① 答案:D。

笔记区

55. 小区顶层露台漏水造成楼下业主的财产损失，物业公司承担责任吗？

案例

某小区顶层露台下水不畅，雨水无法及时排泄，渗入楼下业主陈某家中，造成陈某家厨房的橱柜、墙面、煤气灶、地面等处积水。陈某将顶层业主宣某和某物业管理公司诉至法院，要求赔偿相应损失。诉讼中查明，如果要进入露台，在正常通行的情况下，必须经过顶层业主宣某家。宣某房屋的房产证中的产权范围不包含露台，其购房合同及补充协议也未约定露台归其所有。诉讼中，陈某、宣某及某物业管理公司认为，相关主管部门在拆除其他住户露台的相关建筑设施时，有部分杂物掉落在宣某房屋外面的露台上，堵塞了该露台仅有的直径约6厘米的下水管。发生漏水事件时，宣某在外地，某物业管理公司人员从其他住户进入涉案露台将存水释放。

法律分析

物业服务人应按照约定和物业的使用性质，妥善维修、养护、清洁、绿化和经营管理物业服务区域内的业主共有部分，维护物业服务区域内的基本秩序，采取合理措施

笔记区

保护业主的人身、财产安全。在本案中,宣某不是顶层房屋外面露台的所有权人,对该露台没有法定的维护、清扫义务。某物业管理公司对小区建筑物的公共部分,有管理、维护的义务。物业管理公司应当熟知自己所管理的物业的情况,应当预见大雨时有可能造成露台积水而发生渗漏的风险。物业管理公司没有及时处理露台杂物,在物业管理过程中存在过失,故对陈某有证据证明的合理损失应予赔偿。

知识链接

《中华人民共和国民法典》第九百四十二条 物业服务人应当按照约定和物业的使用性质,妥善维修、养护、清洁、绿化和经营管理物业服务区域内的业主共有部分,维护物业服务区域内的基本秩序,采取合理措施保护业主的人身、财产安全。

对物业服务区域内违反有关治安、环保、消防等法律法规的行为,物业服务人应当及时采取合理措施制止、向有关行政主管部门报告并协助处理。

纠纷解决技巧

对于业主共有部分,物业服务人负有法定维护义务。但露台属于专有部分还是共有部分,不能一概而论。规划中专属于特定房屋,且建设单位销售时已根据规划列入该特定房屋买卖合同中的露台，应被认定为专有部分的组成部分。如果规划中并不专属于特定房屋，建设单位销售时也未列入特定房屋买卖合同中，仅根据正常通行情况下只能从某户业主家内进入露台的情况，尚不足以认定该露台归该户业主专有，进而认定物业服务人对该露台没有维护义务。

笔记区

试题

下列关于物业服务人在服务期的义务的表述错误的是（　　）。①

A. 物业服务人应当按照约定和物业的使用性质，妥善维修、养护、清洁、绿化和经营管理物业服务区域内的业主共有部分

B. 物业服务人应当按照约定和物业的使用性质，维护物业服务区域内的基本秩序

C. 物业服务人应当按照约定和物业的使用性质，对物业服务区域内违反有关治安法律法规的行为及时采取措施制止，无须向有关行政主管部门报告

D. 物业服务人应当按照约定和物业的使用性质，采取合理措施保护业主的人身、财产安全

① 答案：C。

笔记区

56. 怎样认定物业服务合同期满后的续约问题?

案例

某小区业主委员会与某物业公司签订物业委托合同,合同约定:委托管理期限3年。合同期满后,业主委员会没有将续聘或解聘物业公司的意见通知物业公司,且没有选聘新的物业服务人的,如果物业公司继续服务,那么视为此合同自动延续,直到业主委员会与物业公司续签合同或选聘了新的物业服务人时止。在该合同约定的管理期限届满后,发生了上述合同约定的情形,因此某物业公司要求业主张某交纳物业费。但张某认为,某小区业主委员会与某物业公司签订的物业委托合同到期后未及时选聘新的物业公司,不能视为自动续约,故其拒绝交纳合同期满后的物业费。

法律分析

业主委员会与业主大会依法选聘的物业服务人签订的物业服务合同,对业主具有约束力。业主应当按照约定向物业服务人支付物业费。在本案中,业主委员会与业主大会依法选聘的物业服务人签订的物业服务合同约定的3

笔记区

年委托管理期限虽已届满,但物业管理公司继续在该小区进行物业管理服务工作,业主委员会没有将续聘或解聘的意见通知某物业管理公司,且没有选聘新的物业服务人,故按照合同约定,上述合同已自动延续。某物业管理公司对涉案房屋提供了物业服务管理行为,张某获得了某物业管理公司为其提供的物业服务。张某作为接受物业服务的一方,应交纳相关费用。

知识链接

《中华人民共和国民法典》

第九百四十七条 物业服务期限届满前,业主依法共同决定续聘的,应当与原物业服务人在合同期限届满前续订物业服务合同。

物业服务期限届满前,物业服务人不同意续聘的,应当在合同期限届满前九十日书面通知业主或者业主委员会,但是合同对通知期限另有约定的除外。

第九百四十八条 物业服务期限届满后,业主没有依法作出续聘或者另聘物业服务人的决定,物业服务人继续提供物业服务的,原物业服务合同继续有效,但是服务期限为不定期。

当事人可以随时解除不定期物业服务合同,但是应当提前六十日书面通知对方。

笔记区

纠纷解决技巧

物业服务合同中约定了自动续约的情形，物业服务期限届满后符合此种情形的，合同自动续约。如果合同未对自动续约作出约定，物业服务期限届满后，业主没有依法作出续聘或者另聘物业服务人的决定，物业服务人继续提供物业服务的，原物业服务合同继续有效，但是服务期限为不定期，业主应当按照约定向物业服务人支付物业费。

试题

下列关于物业服务合同期的表述正确的是（　　）。[①]

A. 业主违反约定逾期不支付物业费的，物业服务人可以停止物业服务

B. 物业服务期限届满前，业主依法共同决定续聘的，应当与原物业服务人在合同期限届满前续订物业服务合同

C. 物业服务期限届满前，物业服务人不同意续聘的，应当在合同期限届满前 60 日书面通知业主或者业主委员会

D. 当事人可以随时解除不定期物业服务合同，但是应当提前 30 日书面通知对方

① 答案：B。

笔记区

▶ 57. 业主要支付物业服务人被解聘后继续提供物业服务的物业费吗?

案例

某物业公司与某房地产开发公司签订物业管理委托合同,约定物业公司为涉案小区提供物业服务。后涉案小区通过法定程序选聘了新的物业服务人,并签订了新的物业服务合同。2020年7月,业主委员会通知某物业公司签订交接协议,进行物业交接。此后,某物业公司与业主委员会就交接事项未能达成一致意见,也未撤出涉案小区。2020年8月,业主委员会将某物业公司诉至法院。在该案诉讼过程中,双方于2021年4月完成了物业交接手续,某物业公司退出涉案小区。2022年,某物业公司起诉业主王某,要求其交纳2017年6月至2021年3月的物业费。诉讼中,王某以涉案小区已聘请新的物业服务人且原物业服务人服务存在重大瑕疵为由,拒交物业费。

法律分析

物业服务合同终止的,原物业服务人应当在约定期限或者合理期限内退出物业服务区域,将物业服务用房、相关设施、物业服务所必需的相关资料等交还给业主委员

笔记区

会、决定自行管理的业主或者其指定的人，配合新物业服务人做好交接工作，并如实告知物业的使用和管理状况。在本案中，涉案小区业主委员会通过法定程序解聘某物业公司，并选聘新的物业服务人，故某物业公司不得再强行提供物业服务，更不得以事实服务为由向业主收取物业服务费。业主委员会于 2020 年 7 月告知某物业公司签订交接协议，并进行物业交接，故应认定某物业公司为涉案小区提供物业服务的截止时间为 2020 年 7 月。此后，物业公司虽然并未退出小区，但不得向业主收取物业服务费，故某物业公司无权要求业主王某给付 2020 年 7 月 31 日之后的物业费。

知识链接

《中华人民共和国民法典》

第九百四十九条 物业服务合同终止的，原物业服务人应当在约定期限或者合理期限内退出物业服务区域，将物业服务用房、相关设施、物业服务所必需的相关资料等交还给业主委员会、决定自行管理的业主或者其指定的人，配合新物业服务人做好交接工作，并如实告知物业的使用和管理状况。

原物业服务人违反前款规定的，不得请求业主支付物业服务合同终止后的物业费；造成业主损失的，应当赔偿损失。

第九百五十条 物业服务合同终止后,在业主或者业主大会选聘的新物业服务人或者决定自行管理的业主接管之前,原物业服务人应当继续处理物业服务事项,并可以请求业主支付该期间的物业费。

纠纷解决技巧

物业服务合同终止的,原物业服务人应当在约定期限或者合理期限内退出物业服务区域,将物业服务用房、相关设施、物业服务所必需的相关资料等交还给业主委员会、决定自行管理的业主或者其指定的人,配合新物业服务人做好交接工作。原物业服务人不得以业主欠交物业费、对业主共同决定有异议等为由拒绝办理交接,不得以任何理由阻挠新物业服务人进场服务。

试题

下列关于物业费的表述错误的是(　　)。[①]

A. 物业服务合同终止后,在业主大会选聘的新物业服务人接管之前,原物业服务人应当继续处理物业服务事项,并可以请求业主支付该期间的物业费

B. 原物业服务人应当在约定期限或者合理期限内退

---

① 答案:C。

笔记区

出物业服务区域，未退出的，不得请求业主支付物业服务合同终止后的物业费

C. 业主无权以物业服务人提供的物业服务不符合约定为由拒绝交纳物业费

D. 原物业服务人不得以业主欠交物业费、对业主共同决定有异议等为由拒绝办理与新物业服务人的交接工作

笔记区

▶ 58. 业主能以小区原有设施老化失效为由，对新物业公司拒交物业费吗？

案例

某小区业主委员会与某物业公司签订物业服务合同。在物业公司接管小区之初，小区业主委员会曾委托某物业服务评估监理公司就涉案小区状况进行评估。物业项目交接查验评估报告的结论为：小区交付使用至今已近15年，由于日常维护保养不当，项目共用部位破损情况较为普遍，共用设施设备组件均已出现不同程度的老化、失效，经年损耗现象尤为突出且明显……电梯系统、安全防范、消防系统、给排水系统、绿化工程等9项查验项目均不合格。鉴定报告附有大量现状问题的照片，其中包括现场交接资料缺失，地灯、路灯锈蚀，楼道瓷砖脱落，园区路面破损，消防设施老化，地下水管漏水，各电梯均存在不同程度问题等。业主苏某以某物业公司的服务质量没有达到物业合同约定的服务标准、物业服务存在重大瑕疵，如绿化缺失、路灯损毁严重、消防设施不到位、公示栏长期损坏为由拒交物业费。某物业公司起诉业主苏某，要求其交纳物业费。

笔记区

法律分析

物业服务合同双方当事人应当按照合同约定履行各自的义务。在本案中,业主苏某称某物业公司在提供物业服务的过程中,并未达到双方约定的物业服务标准,出现物业服务问题。但根据小区业主委员会委托的第三方评估监理公司出具的物业项目交接查验评估报告可以看出,案涉小区在某物业公司入驻之前已存在物业设施老化、失效等诸多问题。某物业公司入驻案涉小区后,已积极履行维护和整改义务。但需要说明的是,由于案涉小区自身存在的问题较多,其物业维护及工程改造需要相当长的时间才能推进完成,这个过程需要物业公司与小区业主的相互配合和理解。因此,苏某所主张的小区物业服务尚存在诸多问题的理由不能成为其少交或不交物业费的合理理由。

知识链接

《中华人民共和国民法典》

第九百三十八条 物业服务合同的内容一般包括服务事项、服务质量、服务费用的标准和收取办法、维修资金的使用、服务用房的管理和使用、服务期限、服务交接等条款。

物业服务人公开作出的有利于业主的服务承诺,为物

笔记区

业服务合同的组成部分。

物业服务合同应当采用书面形式。

第九百四十二条 物业服务人应当按照约定和物业的使用性质，妥善维修、养护、清洁、绿化和经营管理物业服务区域内的业主共有部分，维护物业服务区域内的基本秩序，采取合理措施保护业主的人身、财产安全。

对物业服务区域内违反有关治安、环保、消防等法律法规的行为，物业服务人应当及时采取合理措施制止、向有关行政主管部门报告并协助处理。

纠纷解决技巧

在老旧小区，有的业主常常以小区设施老化、失效为由拒绝向接管小区的新物业服务人交纳物业费。因物业服务具有长期性和持续性，对公共设施的维护和改造需要一定的周期才能完成，对于物业服务人是否尽到义务，需要综合考虑小区原有实际情况及新物业服务人入驻小区后，是否尽到法律法规和物业合同规定的义务，对于小区原有的公共设施是否积极进行维护等情况进行判断。

笔记区

试题

下列关于物业服务合同的表述错误的是(　　)。[①]

A. 物业服务合同应当采用书面形式

B. 物业服务人对物业服务合同享有任意撤销权

C. 物业服务人公开作出的有利于业主的服务承诺,为物业服务合同的组成部分

D. 物业服务合同的内容一般包括服务事项、服务质量、服务费用的标准和收取办法等事项

① 答案:B。

笔记区

59. 业主能以房屋开发历史遗留问题为由,拒交物业费吗?

案例

某物业公司与某小区业主委员会签订了物业服务合同。业主刘某认为自己的房屋与开发商宣传的样板间存在差异。开发商宣传的和其参观的房屋带有阁楼,但交付的房屋是闷顶。开发商虚假宣传欺骗其购房,导致其未完成房屋验收交接。刘某据此认为,按照合同约定,物业费应由开发商交纳,因此拒绝向某物业公司交纳物业费。某物业公司起诉业主刘某,要求其交纳物业费。

法律分析

物业服务合同与房屋买卖合同是两个独立的合同,两个合同中分别约定的权利义务通常情形下并无牵连关系。物业服务合同中的当事人通常不能以房屋买卖合同的履行瑕疵来对抗其在物业服务合同中的对方当事人。在本案中,某物业公司与业主刘某之间已经形成了物业服务合同关系。在某物业公司已经为涉案小区提供了物业服务的情况下,其有权收取物业费。刘某主张开发商交付的涉案房屋不合格、未完成房屋验收交接等问题,均为刘某与

笔记区

开发商之间的纠纷，属于另一法律关系。如刘某认为，案涉物业费应当由开发商承担，可另行向开发商主张，而不能成为其拒绝向某物业公司支付物业费的理由。

知识链接

《中华人民共和国民法典》

第九百三十七条　物业服务合同是物业服务人在物业服务区域内，为业主提供建筑物及其附属设施的维修养护、环境卫生和相关秩序的管理维护等物业服务，业主支付物业费的合同。

物业服务人包括物业服务企业和其他管理人。

第九百三十九条　建设单位依法与物业服务人订立的前期物业服务合同，以及业主委员会与业主大会依法选聘的物业服务人订立的物业服务合同，对业主具有法律约束力。

纠纷解决技巧

业主应当正确选择维权途径，有效维护自身合法权益。对于开发建设遗留问题，业主可以通过与开发建设单位协商、向行政机关举报、向人民法院起诉等途径解决。业主以房屋开发历史遗留问题为由拒交物业费，缺乏依据，不能成立。

59. 业主能以房屋开发历史遗留问题为由，拒交物业费吗？

试题

笔记区

下列关于业主权利的表述正确的是(　　)。[1]

A. 业主能以房屋开发历史遗留问题为由拒交物业费

B. 业主有权随时解除物业服务合同

C. 业主应当正确选择维权途径，有效维护自身合法权益

D. 建设单位与物业服务人订立的前期物业服务合同对业主没有约束力

① 答案：C。

笔记区

▶ 60. 业主停放小区的车辆被流浪狗咬坏导致的损失，物业公司承担责任吗？

案例

业主何某将其车辆停放在小区非停车位处，该小区的物业管理中心未向何某收取单独的车辆管理费。在车辆停放期间，小区内的流浪狗将何某车辆的叶子板和保险杠咬坏。何某以物业管理中心未尽到驱赶小区流浪狗的责任和义务，致使其小轿车被流浪狗咬坏为由，向法院起诉，要求物业管理中心赔偿修车费用。

法律分析

在物业服务合同中约定财物保管服务的，在发生财物丢失或毁损时，业主可以要求物业服务人依保管义务承担相应的赔偿责任；在物业服务合同中没有约定财物保管服务的，但物业服务人在其职责范围内未尽到安全防范义务或未配置应有的安全防范设备，对财物丢失或毁损有过错的，业主可以要求物业服务人承担与其过错相适应的赔偿责任。第三人侵权造成业主人身或财产损害，受害人要求物业服务人赔偿损失的，可根据物业服务人是否履行保安职责或履行保安职责是否存在过错，确定物业服务人应否

笔记区

承担相应的赔偿责任。如果物业服务人完全遵守法律法规的规定和物业服务合同的约定，即使业主的人身、财产在物业管理区域内受到损害，物业服务人也不因此承担法律责任。在本案中，因某物业管理中心未收取车辆管理费，对小区内停放的车辆仅具有一般管理义务，而何某主张的流浪狗造成其停放在小区非停车位处的车辆损坏，超出某物业管理中心应尽的一般管理义务，因此，何某要求赔偿修车费的诉讼请求于法无据，不应支持。

知识链接

《中华人民共和国民法典》第九百四十二条 物业服务人应当按照约定和物业的使用性质，妥善维修、养护、清洁、绿化和经营管理物业服务区域内的业主共有部分，维护物业服务区域内的基本秩序，采取合理措施保护业主的人身、财产安全。

对物业服务区域内违反有关治安、环保、消防等法律法规的行为，物业服务人应当及时采取合理措施制止、向有关行政主管部门报告并协助处理。

纠纷解决技巧

物业服务人对小区共有部分负有保养、维护义务，对于可能对业主财产造成损害的小区共用部分的安全隐患，应当及时消除，否则致业主财产损害后，物业服务人应承

笔记区

担违约责任,对业主的损失进行赔偿。即便该安全隐患是第三人造成的,也不能免除物业服务人的违约责任。因第三人侵权致小区共用部分对业主财产造成损害的,物业服务人可以免责的情形是物业服务人已经履行了保养、维护义务,而第三人侵权是不可预见、不可避免的。也就是说,对流浪动物侵权,如果物业服务人已经履行了一般管理义务,即使流浪动物导致业主的人身、财产在物业管理区域内受到损害,物业服务人也不因此承担法律责任。

试题

因第三人原因导致业主的财产在物业管理区域内受到损害,物业服务人(　　)。[①]

A. 当然不承担任何责任

B. 当然应当承担全部责任

C. 应当与第三人共同承担责任

D. 是否需要承担责任应区分情况处理

① 答案:D。

笔记区

测 试 题

1.《中华人民共和国民法典》合同编调整的法律关系是(　　)。

A. 监护关系

B. 收养关系

C. 婚姻关系

D. 财产关系

2. 关于合同,下列选项表述正确的是(　　)。

A. 张某无权将自家树上产的苹果以每斤 50 元的价格出售

B. 张某有权将自家树上产的苹果送给邻居

C. 张某无权将自家树上产的苹果与邻居李某家产的梨互换

D. 以上都不对

3. 合同债权转让变更的是合同的(　　)。

A. 主体

B. 客体

笔记区

C. 内容

D. 全部基本条款

4. 关于借款合同中的货币种类,下列表述正确的是(　　)。

A. 借款合同中一般可以写明货币种类

B. 借款合同中无须写明货币种类

C. 借款合同中的货币种类必须由法律加以规定

D. 借款合同中的当事人不能自由约定货币种类

5.《中华人民共和国民法典》规定租赁合同最长期限不超过(　　)。

A. 5 年

B. 10 年

C. 15 年

D. 20 年

6. 承揽合同成立后,定作人的义务有(　　)。

A. 通知义务

B. 按合同约定提供原材料

C. 承担瑕疵担保责任的义务

D. 随时解除合同

7. 甲对乙说:“我正在考虑卖掉家中祖传的一套家具,价值 10 万元。”乙立即向甲表示:“我愿意以 10 万元购买此套家具。”下列表述正确的是(　　)。

笔记区

A. 甲对乙的表示构成要约

B. 乙对甲的表示构成承诺

C. 甲对乙的表示构成承诺

D. 乙对甲的表示构成要约

8. 甲与乙订立了合同,约定由丙向甲履行债务,现丙履行的行为不符合合同的约定,甲有权请求(　　)。

A. 丙承担违约责任

B. 乙承担违约责任

C. 乙和丙承担违约责任

D. 乙或者丙承担违约责任

9. 当事人订立合同时,应当具有(　　)。

A. 相应的民事权利能力

B. 相应的民事行为能力

C. 相应的民事责任能力

D. 相应的民事判断能力

10. 甲从乙处购买一批货物,未支付货款,甲把该批货物转卖给丙,同时与丙约定,丙应向乙支付货款。如果丙未向乙支付货款,则(　　)向乙承担责任。

A. 甲

B. 丙

C. 甲和丙

D. 甲或丙

笔记区

11. 合同的数据电文形式不包括(　　)。

A. 电报

B. 传真

C. 电子数据交换

D. 电话

12. 债务人放弃其到期债权,致使债务人无法清偿债权人债权,债权人可以(　　)。

A. 向公安部门报案

B. 行使撤销权使债务人放弃到期债权的行为无效

C. 请求债务人的债务人清偿债务

D. 对债务人放弃其到期债权的行为提出异议

13. 下列违约责任补救方式不可以并用的是(　　)。

A. 损害赔偿与继续履行

B. 继续履行与解除合同

C. 损害赔偿与修理、重作、更换

D. 违约金与修理

14. 合同法律关系是由(　　)三项要素构成。

A. 合同主体、合同客体、合同内容

B. 当事人、合同行为、合同利益

C. 法人、合同、权利和义务

D. 合同管理、经济协作、法律责任

15. 债权转让是一项法律行为,当事人双方(　　)。

A. 协商一致即可

B. 应签订书面协议

C. 与第三方一起协调

D. 应当穷尽一切手段完成

16. 张某将自产的苹果按照标价每斤 5 元拿到集市上卖,李某问每斤 4 元卖不卖,张某未置可否。对此,下列选项正确的是(　　)。

A. 张某标价 5 元的行为是要约邀请

B. 李某还价 4 元的行为是要约邀请

C. 张某与李某对买卖合同未达成合意

D. 以上都不对

17. 根据《中华人民共和国民法典》的规定,建设工程合同采用的形式是(　　)。

A. 口头合同

B. 书面合同

C. 默示合同

D. 推定合同

18. 无处分权人处分他人财产的合同(　　)。

A. 确定有效

B. 确定无效

C. 可能有效

D. 可撤销

笔记区

19. 甲方委托乙方加工一批服装，约定3月30日交付，期限届满，因甲方的原因，双方未能办理交付，这一现象是（　　）。

A. 债权人受领迟延

B. 债务人迟延履行

C. 债权人不适当履行

D. 债务人不适当履行

20. 情势变更的前提是合同成立后，作为该合同基础的事由发生了合同订立时不能预料的变化，而这种变化的原因是（　　）。

A. 由于主体不合格

B. 由于意思表示不真实

C. 由于违法

D. 不可归责于当事人的原因

21. 在同一双务合同中，甲与乙互负对待给付义务，甲应依约先履行，甲在未履行的情况下要求乙履行义务，乙有权（　　）。

A. 撤销合同

B. 中止合同

C. 拒绝甲的请求

D. 解除合同

22. 关于定金、违约金和损害赔偿金的关系，下列表述正确的是(　　)。

笔记区

A. 定金和违约金可以并用

B. 定金不能和损害赔偿金并用

C. 违约金能和损害赔偿金并用

D. 定金不能和违约金并用

23. 下列选项中,属于解除权人能够直接行使解除权的合同是(　　)。

A. 甲在合同约定交付时间到来前向乙表明自己不会交付货物

B. 丙与丁约定,丁向甲提供租赁设备一台,但约定次日丁的设备损坏

C. 戊按照合同约定,应当在 2022 年 4 月 10 日交付给辛 10 辆汽车,但到期时只交付了 4 辆

D. 己应向庚提供 500 吨特级食用油,但实际上只提供了一级食用油

24. 下列关于合同解除的表述正确的是(　　)。

A. 赠与合同的赠与人享有任意撤销权

B. 承揽合同的承揽人享有任意撤销权

C. 不定期租赁合同的承租人享有任意解除权

D. 居间合同的居间人享有任意解除权

25. 下列选项中关于供电合同表述正确的是(　　)。

A. 供电人可以随时拉闸限电

笔记区

B. 用电人可以逾期交付电费

C. 因自然原因断电导致的损失,任何情况下都应由用电人自己承受

D. 供电人未按照约定安全供电造成用电人损失的,应承担赔偿责任

26. 甲将 300 册图书送给乙,并约定乙不得转让给第三人,否则甲有权收回图书。其后,甲向乙交付了 300 册图书。据此,下列表述正确的是(　　)。

A. 甲与乙的赠与合同无效,乙不能取得图书的所有权

B. 甲与乙的赠与合同无效,乙取得了图书的所有权

C. 甲与乙的赠与合同为附条件的赠与,乙不能取得图书的所有权

D. 甲与乙的赠与合同有效,乙取得了图书的所有权

27. 甲与朋友乙书面约定,甲向乙借款 5 万元,未约定利息,也未约定还款期限。下列表述错误的是(　　)。

A. 借款合同自乙向甲提供借款时生效

B. 乙有权随时要求甲返还借款

C. 乙可以要求甲按照银行同期同类贷款利率支付利息

D. 经乙催告,甲仍不还款,乙有权主张逾期利息

28. 租赁期满,承租人继续使用租赁物,出租人未表示异议的,则(　　)。

笔记区

A. 承租人因未及时返还租赁物而应负违约责任

B. 承租人因占有他人财物而应负侵权责任

C. 租赁合同自然终止

D. 租赁合同继续有效，租赁期限为不定期

29. 孙某与李某签订房屋租赁合同，李某承租后与陈某签订了转租合同，孙某表示同意。但是，孙某在与李某签订租赁合同之前，已经把该房租给了王某并已交付。李某、陈某、王某均要求继续租赁该房屋。据此，下列表述正确的是（　　）。

A. 李某有权要求王某搬离房屋

B. 陈某有权要求王某搬离房屋

C. 李某有权解除合同，要求孙某承担赔偿责任

D. 陈某有权解除合同，要求孙某承担违约责任

30. 甲公司与乙公司签订建设工程施工合同，由乙公司为甲公司承建教学楼。经甲公司同意，乙公司将工程主体结构的施工分包给丙。后整个教学楼工程验收合格，甲公司向乙公司支付了部分工程款，乙公司未向丙支付工程款。下列表述正确的是（　　）。

A. 乙公司与丙之间的分包合同有效

B. 甲公司可以撤销与乙公司之间的建设工程施工合同

C. 丙可以乙公司为被告诉请支付工程款

笔记区

D. 丙可以甲公司为被告诉请支付工程款，但法院应追加乙公司为第三人

31. 甲因装修房屋，把一批字画交给朋友乙保管，乙将字画置于床下。一日，乙的楼上住户的水管被冻裂，水流到乙家，致使甲的字画严重受损。对此，下列表述正确的是（　　）。

A. 乙具有过失，应负全部赔偿责任

B. 乙具有过失，应给予适当赔偿

C. 此事对乙来说属于不可抗力，乙不应赔偿

D. 乙是无偿且没有重大过失，不应赔偿

32. 李某委托张某和王某两人共同处理他的事务，后由于张某的过错导致李某损失 5 万元，对此的责任应由（　　）承担。

A. 张某独自

B. 王某独自

C. 李某自己

D. 张某和王某共同

33. 向委托人报告合同订立机会的合同是（　　）。

A. 行纪合同

B. 委托合同

C. 中介合同

D. 代理合同

笔记区

34. 合同解除针对的是(　　)。

A. 有效合同

B. 无效合同

C. 效力未定合同

D. 可撤销合同

35. 合同因违约被解除,守约方受到的损失(　　)。

A. 可以要求违约方赔偿

B. 不能要求违约方赔偿

C. 双方各自承担一半

D. 由违约方承担,不足部分由守约方承担

36. 下列合同中既可以是有偿合同,也可以是无偿合同的是(　　)。

A. 保管合同

B. 买卖合同

C. 物业服务合同

D. 租赁合同

37. 下列关于买卖合同的表述正确的是(　　)。

A. 6 岁的小明将自己价值 500 元的玩具作价 50 元卖给 6 岁的小亮的合同有效

B. 王某将自己在耕地时发现的西周青铜器卖给古董商人李某的合同有效

C. 杨某无权将自己价值 2 万元的母牛作价 5 万元卖

笔记区

给肉铺

D. 张某有权将自己价值 5 万元的农用车作价 5 元卖给朋友赵某

38. 甲将对乙的 5 万元债权转让给丙,该行为(　　)。

A. 必须经过乙同意才能对其生效

B. 必须甲通知乙之后才生效

C. 该行为必须经甲和丙共同通知乙之后才能对其生效

D. 是否生效与乙的同意与否无关

39. 下列关于物业服务合同的表述正确的是(　　)。

A. 物业服务合同可以是无偿的

B. 物业服务人可以随时解除物业服务合同

C. 物业服务合同是业主个人和物业服务企业直接签订的合同

D. 物业服务人应当按照约定和物业的使用性质,采取合理措施保护业主的人身、财产安全

40. 下列关于赠与合同的表述错误的是(　　)。

A. 只要赠与财产的权利还没有转移,赠与人都可以撤销合同

B. 赠与合同可以以口头形式签订

C. 赠与合同可以附条件

D. 赠与合同是无偿合同

笔记区

参考答案

1. D	2. B	3. A	4. A	5. D
6. B	7. D	8. B	9. B	10. A
11. D	12. B	13. B	14. A	15. A
16. C	17. B	18. C	19. A	20. D
21. C	22. D	23. A	24. C	25. D
26. D	27. C	28. D	29. C	30. C
31. D	32. D	33. C	34. A	35. A
36. A	37. D	38. D	39. D	40. A